Calcit

Das formenreichste Mineral der Erde

extraLapis No. 14

Mit Beiträgen von
Reinhard Balzer, Michael P. Cooper, Ferdinand Damaschun, Rudolf Duthaler, Günter Grundmann, Rupert Hochleitner, Werner Lieber, Alain Martaud, Paul Rustemeyer, Lydie Touret

Mit Fotos und Grafiken von
Reinhard Balzer, Torbern Bergman, Peter Brammer, Ulrich Burchard, Serge Caillault, Michael P. Cooper, d'Alembert & Diderot, Ferdinand Damaschun, Walter Gabriel, Maximilian Glas, Victor Goldschmidt, André Nicolas Van Gorp, Lindsay Greenbank, Günter Grundmann, Waltraud Harre, René Just Haüy, Rupert Hochleitner, Laurent Kruszyk, Werner Lieber, Alain Martaud, Henry Miers, Erich Offermann, Paul Rustemeyer, Jeffrey Scovil, P. Stemvers, Hugo Strunz, Marcel Vanek, Stefan Weiß, Pamela Zilly

Original-Kristallmodell von René Just Haüy
Sammlung Johannes Keilmann (siehe Artikel Seite 26)

... und mit Calciten von

Museen: Naturhistorisches Museum Basel, Technische Universität Clausthal-Zellerfeld, Derby Museum Derbyshire, Museum für Naturkunde der Humboldt-Universität zu Berlin, Mineralogische Staatssammlung München, Nottingham Natural History Museum, Musée de Minéralogie Paris, Sonora Desert Museum, National Museum of Wales

Sammler und Firmen: Reinhard Balzer, Fa. Friedrich August Becker, Mike Bergmann, Dave Bunk, DeTrin Minerals, Frederic Escaut, Max Philipp Geipel, David Green, Lindsay Greenbank, Rupert Hochleitner, Ian Jones, Johannes Keilmann, Bill Larson, Carolyn Manchester, Sigi Mühlberger, Roberts Minerals, Elmar Neißer, Paul Rustemeyer, Bill Severance, Bill Shelton, Marshall Sussmann, Top Gem, Dan Weinrich, Victor Yount

IN ZUSAMMENARBEIT MIT DER ZEITSCHRIFT LAPIS
CHRISTIAN WEISE VERLAG · MÜNCHEN

Zwei Modifikationen von $CaCO_3$:

Calcit

Zusammensetzung
$CaCO_3$; Calcit kann deutliche Mn-Gehalte aufweisen (Mangancalcit) sowie Mischreihen mit anderen Carbonaten bilden (siehe **Seite 4**), häufig enthält er kleinere Mengen an Fe, Mg, Zn, Ba, Sr, Co sowie Spuren seltener Erden.

Lapis-Systematiknummer: V/B.2-20

Kristallstruktur
Die Calcit-Struktur leitet sich aus der Steinsalzstruktur ab, indem man den Würfel auf eine Ecke stellt (dreizählige Achse senkrecht) und ihn leicht staucht. Na wird durch Ca, Cl durch CO_3 ersetzt, der Polkantenwinkel (beim Würfel 90°) wird zu 101°55' (Spalt-Rhomboeder).

Kristallsystem
Calcit ist trigonal; Kristallklasse ditrigonal-skalenoedrisch, $D_{3d} - \bar{3}m$;
Gitterkonstanten in hexagonaler Aufstellung:
$a_o = 4{,}99$, $c_o = 17{,}06$ Å

Härte
3 (Referenzmineral für Härte 3 nach Mohs)

Spaltbarkeit
Sehr vollkommen nach $(10\bar{1}1)$; siehe **Seite 26**

Bruch
Spätig

Glanz
Glasglanz

Dichte
2.6 – 2.8, abhängig von Verunreinigungen, sehr reiner Calcit (Islandspat): 2.72

Strichfarbe
Weiß

Farbe
Farblos bis weiß; seltener auch farbig: gelb, grün, rot, blau, grau, schwarz, zum Teil durch Mineraleinschlüsse gefärbt.

Farbveränderung
Bestrahlung kann rotbraun bis schwarz färben.

Fluoreszenz, Phosphoreszenz
Häufig; gelb, rot, blau, orange, sowohl im langwelligen als auch im kurzwelligen UV möglich, teils mit unterschiedlichen Farben.
Manche Calcite leuchten nach Bestrahlung mit UV-Licht auch deutlich nach.

Aragonit

Zusammensetzung
$CaCO_3$. Aragonit ist meist recht rein, kann aber kleine Gehalte von Sr, Ba, Pb, Fe, Mn und Zn führen. *Tarnowitzit* führt bis zu 5% $PbCO_3$, ist aber kein Mischkristall, sondern eine orientierte Verwachsung von Aragonit mit Cerussit.

Lapis-Systematiknummer: V/B.4-10

Kristallstruktur
Die Aragonit-Struktur ähnelt der des Calcits. Schichten von Ca^{2+}-Ionen und ebenen $[CO_3]^{2-}$-Gruppen folgen aufeinander in Richtung der c-Achse. Die Struktur zeigt eine pseudohexagonale Symmetrie und ermöglicht leicht die Drillingsbildung.

Kristallsystem
Aragonit ist orthorhombisch; Kristallklasse rhombisch-dipyramidal, D_{2h} – mmm;
Gitterkonstanten:
$a_o = 4{,}95$, $b_o = 7{,}96$, $c_o = 5{,}73$ Å

Härte
3 $^1/_2$ – 4

Spaltbarkeit
Undeutlich

Bruch
Uneben bis muschelig

Glanz
Glasglanz, auf Bruchflächen Fettglanz

Dichte
2.95 (nur geringe Abweichungen, da meistens sehr rein; siehe Zusammensetzung)

Strichfarbe
Weiß

Farbe
Farblos bis weiß; seltener auch farbig: gelb, grün, rot, blau, grau, schwarz, zum Teil durch Mineraleinschlüsse gefärbt.

Farbveränderung
Bestrahlung kann rotbraun bis schwarz färben.

Fluoreszenz, Phosphoreszenz
Häufig; gelb, rot, blau, orange, sowohl im langwelligen als auch im kurzwelligen UV möglich, teils mit unterschiedlichen Farben.
Manche Aragonite leuchten nach Bestrahlung mit UV-Licht auch deutlich nach.

Unterschiede und Gemeinsamkeiten

Calcit

Lichtbrechung
Sehr hohe Doppelbrechung (siehe **Seite 40**): $n_o = 1.6583$, $n_e = 1.4864$ für gelbes Na-Licht

Kristalle
sind sehr häufig. Formen: unterschiedliche Rhomboeder, Skalenoeder und Prismen, dazu die Basis; zum Teil flächenreich ausgebildet; zahlreiche Kombinationen.

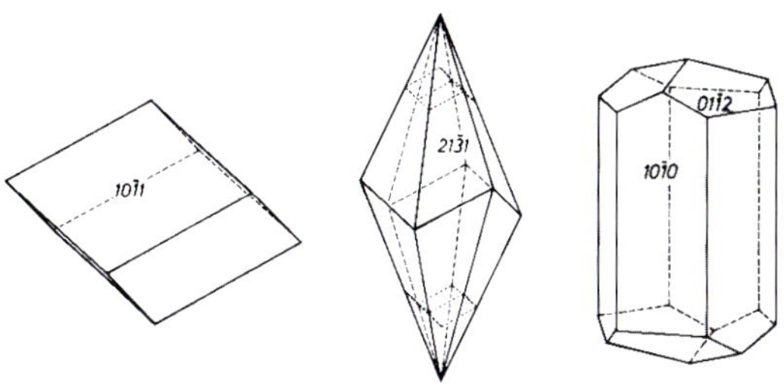

Charakteristisch: Rhomboeder, Skalenoeder, Prisma (nach Strunz, 1978)

Zwillingsbildungen in vielen unterschiedlichen Formen; an manchen Fundorten häufig (siehe **Seite 18**); auch polysynthetische Zwillinge.

Habitus
Tafelig, isometrisch, prismatisch, nadelig, flach- bis spitzrhomboedrisch, selten auch würfelig.

Aggregate
Kristalle, stengelig, radialstrahlig, kugelig, faserig, nierig, körnig, spätig, derb, tropfsteinförmig, kugelig (Rogenstein), erdig, pulvrig.

Vorkommen
Fast überall: in magmatischen, metamorphen und Sediment-Gesteinen (siehe **Seite 74**); Kristalle auf Klüften fast aller Gesteine, auch Silikatgesteine, in Pegmatiten, in hydrothermalen Gängen (Lagerstätten und ihre Genesen siehe **Seite 56**). Als Absatz heißer Quellen, formenreich in Höhlen (siehe **Seite 78**); als Rarität sogar in Meteoriten. Die Kapseln von Seeigeln sind aus Calcit-Einkristallen aufgebaut (**Seite 92**).

Löslichkeit
in allen Säuren unter Aufbrausen, bereits in kalter verdünnter Salzsäure (siehe **Seite 74**).

Ähnliche Mineralien
Spaltbarkeit und Säureprobe verhindern Verwechslungen mit Aragonit (undeutliche Spaltbarkeit) und Dolomit (braust nicht mit kalter verdünnter Salzsäure) und weiteren Carbonaten.

Aragonit

Lichtbrechung
Maximale Doppelbrechung $n_\gamma - n_\alpha = 0{,}156$
$n_\alpha = 1{,}530$, $n_\beta = 1{,}682$, $n_\gamma = 1{,}686$ für gelbes Na-Licht

Kristalle
sind häufig. Formen: unterschiedliche Prismen, Pinakoide und Dipyramiden; zum Teil recht flächenreich ausgebildet. Funde gut ausgebildeter Kristalle sind jedoch selten.

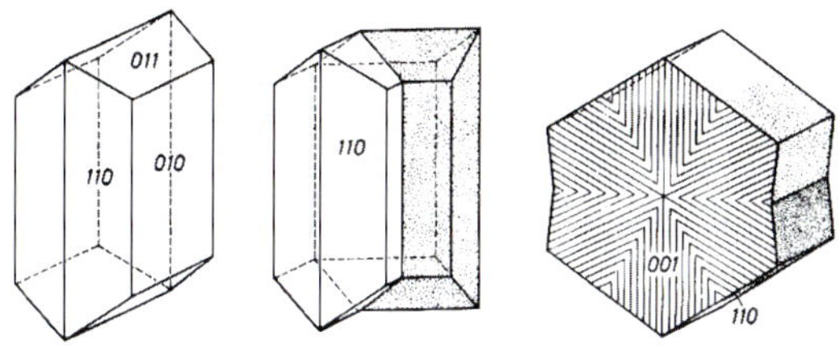

Charakteristischer Kristall, Zwilling und Drilling (nach Strunz, 1978)

Einkristalle vergleichsweise selten, häufig dagegen Zwillinge, pseudohexagonale Drillinge und polysynthetische Viellinge.

Habitus
Oft nach der Vertikalachse gestreckt, aber auch tafelig, nadelig, lanzettförmig.

Aggregate
Kristalle, stengelig, radialstrahlig, kugelig, faserig, nierig, körnig, derb, tropfsteinförmig, kugelig, korallenartig (Eisenblüte), erdig, pulvrig.

Vorkommen
In Hohlräumen vulkanischer Gesteine, in der Oxidationszone von Erzlagerstätten (oft Eisenblüten), als Ausfällung im Meerwasser bei hohen Temperaturen (z. B. Rotes Meer), gesteinsbildend in kristallinen Kalken der Prehnit-Pumpellyit-Facies, in Schwefel-Lagerstätten, als Ausfällung heißer Quellen, selten in Höhlen. Die Schalen vieler Muscheln und Schnecken bestehen aus Aragonit.

Löslichkeit
in allen Säuren unter Aufbrausen, bereits in kalter verdünnter Salzsäure.

Ähnliche Mineralien
Fehlende Spaltbarkeit und Säureprobe verhindern Verwechslungen mit Calcit (hervorragende Spaltbarkeit) und Strontianit (braust nicht mit kalter verdünnter Salzsäure) und weiteren Carbonaten.

Calcit (Kalkspat) und seine Verwandten

Rupert Hochleitner erläutert die chemische Zusammensetzung und den Aufbau von Calcit (der Kalkspat der alten Bergleute) und Aragonit

Kommen zweiwertige Kationen und Kohlensäure (bzw. Kohlendioxid) zusammen, zum Beispiel in hydrothermalen Lösungen, so bilden sich Carbonate der allgemeinen Formel $A^{2+}[CO_3]^{2-}$, wobei das „A“ für unterschiedliche Kationen steht. Der steigenden Größe nach geordnet bilden diese Kationen eine Reihe:

Element	*Kation*	*Radius in Å*
Magnesium	Mg^{2+}	0,66
Cobalt	Co^{2+}	0,72
Eisen	Fe^{2+}	0,74
Zink	Zn^{2+}	0,74
Mangan	Mn^{2+}	0,80
Cadmium	Cd^{2+}	0,97
Calcium	Ca^{2+}	0,99
Strontium	Sr^{2+}	1,12
Blei	Pb^{2+}	1,20
Barium	Ba^{2+}	1,34

Von der Größe der Kationen hängt ab, welche Struktur sich bildet: Die Carbonate der kleineren Kationen bis Calcium bilden die trigonale Calcit-Struktur aus; die größeren ab Calcium die orthorhombische Aragonit-Struktur.
Calcium ist also sozusagen der Dreh- und Angelpunkt: Es kann als Einziges in beiden Carbonat-Strukturen auftreten: trigonal als Calcit, orthorhombisch als Aragonit. Alle anderen Carbonate der Kalkspat-Gruppe können nur in einer der beiden Strukturen vorkommen.

Trigonale Calcit-Struktur haben deshalb:

– Magnesit	$MgCO_3$
– Sphaerokobaltit	$CoCO_3$
– Siderit	$FeCO_3$
– Smithsonit	$ZnCO_3$
– Rhodochrosit	$MnCO_3$
– Otavit	$CdCO_3$
– und natürlich Calcit	$CaCO_3$

Orthorhombische Aragonit-Struktur haben :

– Aragonit	$CaCO_3$
– Strontianit	$SrCO_3$
– Cerussit	$PbCO_3$
– Witherit	$BaCO_3$

Während sich die einzelnen Glieder der Calcit-Reihe ziemlich gut mischen können (es gibt zum Beispiel Cobaltcalcit, Mangancalcit oder Ferro-Rhodochrosit), ist das bei der Aragonit-Reihe nicht der Fall. Aragonit ist zum Beispiel, im Gegensatz zu Calcit, in der Regel immer sehr rein; vermeintliche Mischkristalle wie etwa der „Blei-Aragonit“ Tarnowitzit haben sich als mikroskopisch feine Verwachsungen erwiesen.
Die weiteren, allgemein gut bekannten Carbonate Dolomit, Ankerit, Kutnahorit und Norsethit sind Doppelcarbonate mit einer Struktur, die durch Symmetrie-Erniedrigung aus der Calcit-Struktur hervorgeht; diese werden in der Dolomit-Gruppe zusammengefaßt.
Dolomit ist oft optisch nicht leicht von Calcit zu unterscheiden, die Salzsäureprobe bringt’s aber immer sofort an den Tag: Im Gegensatz zu Calcit braust Dolomit mit verdünnter kalter Salzsäure nicht auf.

Das formenreichste Mineral

Calcit ist das Mineral mit dem weitaus größten Formenreichtum. Dabei ist die Kristallographie an sich ganz einfach. Eigentlich sind es nur vier Formengruppen, die die Vielfalt der Calcit-Kristalle erzeugen: Prisma, Basis, Rhomboeder und Skalenoeder.
Bekannt sind allerdings mehrere hundert kristallographische Formen: über 80 verschiedene Rhomboeder und über 200 verschiedene Skalenoeder unterschiedlicher Steilheit, jeweils von ganz flach bis ganz steil. Bisher sind weit über 1000 unterschiedliche Kombinationen dieser Formen beobachtet worden. In Victor Goldschmidts „Atlas der Krystallformen“ von 1913 sind zum Beispiel 2544 Calcit-Kristalle abgebildet!
Dies ist erstaunlich, weil sich die anderen Verwandten der Calcit-Reihe mit eher wenigen Kristallformen begnügen. Vielleicht liegt es daran, daß Calcit das Mineral dieser Reihe ist, das den variabelsten Bildungsbereich hat.
Befindet sich zum Beispiel mehr Ca^{2+} in einer Lösung, als $[CO_3]^{2-}$ zur Bildung von Calcit zur Verfügung steht, dann entstehen langgestreckte Kristalle, die ihren Habitus steilen Rhomboedern verdanken. Ist es gerade umgekehrt, führen die Lösungen also $[CO_3]^{2-}$ im Überschuß, bilden sich tafelige bis dünntafelige Kristalle mit vorherrschender Basis. Das Grund-Rhomboeder, das bei den anderen Carbonaten der Calcit-Reihe die bei weitem häufigste kristallographische Form darstellt, entsteht dagegen viel seltener – nur dann,

Band 2 Tafel 47

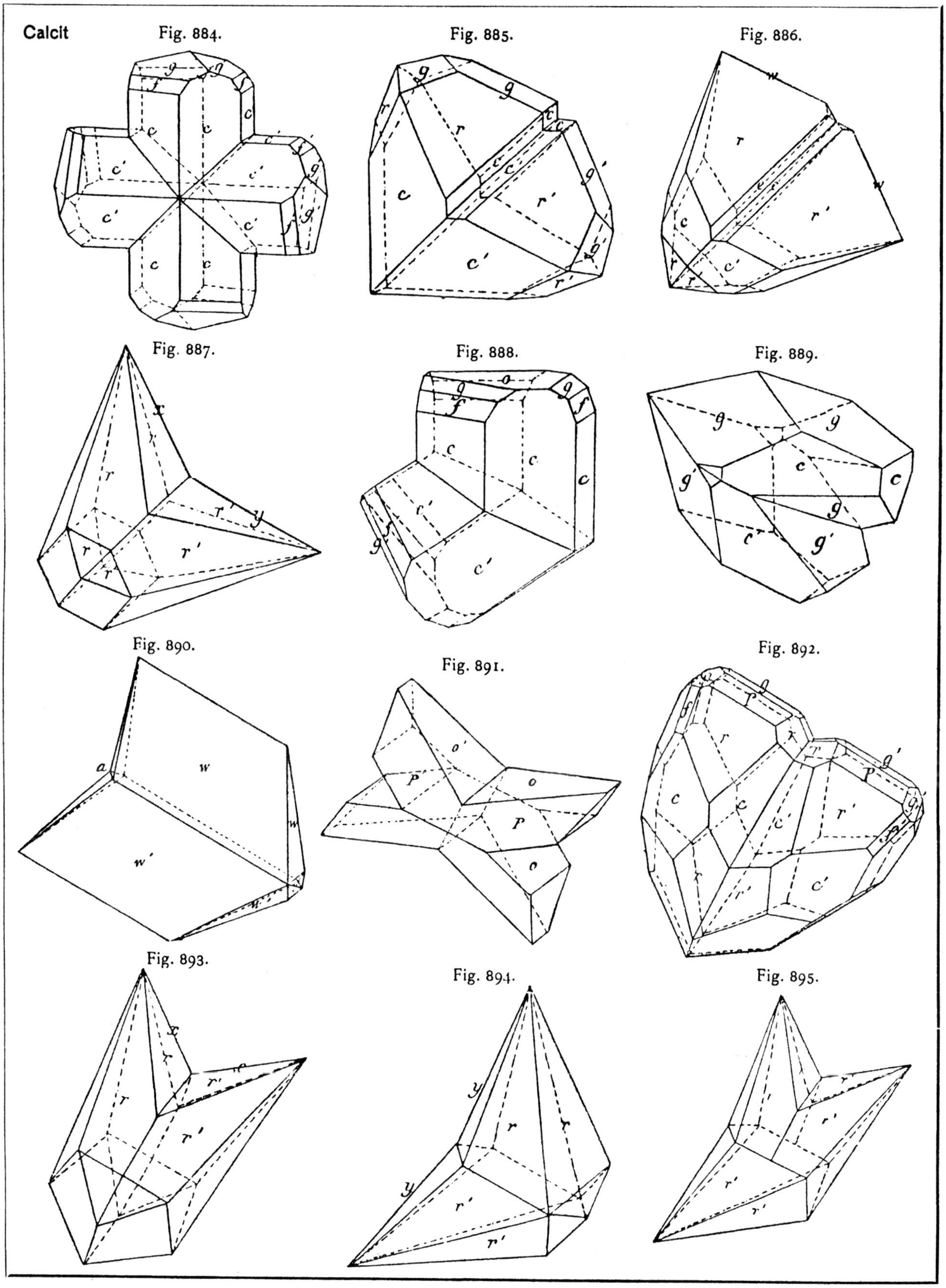

Fundorte

Fig. 884:
Bräunsdorf

Fig. 885,
Fig. 886,
Fig. 887:
Derbyshire

Fig. 888:
Harz

Fig. 889:
Freiberg

Fig. 890:
Faröer

Fig. 891:
Chamonix

Fig. 892,
Fig. 893,
Fig. 894,
Fig. 895:
Bleiberg

Eine der sage und schreibe 154 Calcit-Tafeln
aus Victor Goldschmidts „Atlas der Krystallformen", Heidelberg 1913

Sie umfaßt einige der Zwillings-Skizzen des österreichischen Mineralogen Wilhelm Karl v. Haidinger (ursprünglich veröffentlicht in: Edinb. Journ. Sc., 1825)

Calcit: das formenreichste Mineral

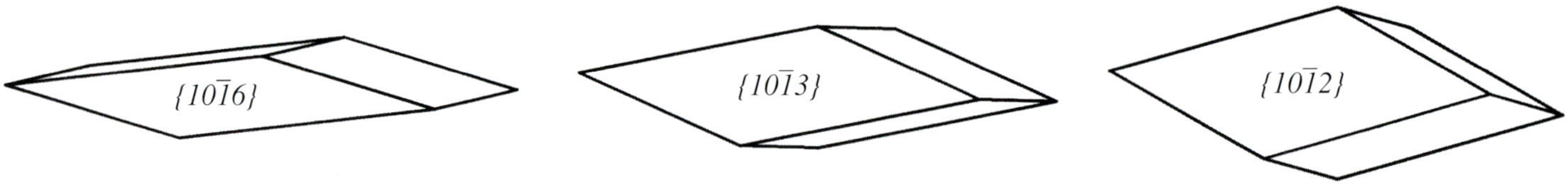

Ein steiler Calcit-Rhomboeder *von Jalgaon, Bombay, Indien, 4 cm hoch Foto Paul Rustemeyer*

Die Spaltbarkeit nach dem Haupt-Rhomboeder *Der „blaue Calcit" vom Crestmore Quarry, Riverside Co., Kalifornien Foto Paul Rustemeyer*

wenn Ca^{2+} und $[CO_3]^{2-}$ in stöchiometrischen Verhältnissen, also jeweils gleichviel vorhanden sind. Die Wirklichkeit ist allerdings viel komplizierter: Die Ausbildung der Calcit-Kristalle hängt auch von Temperatur, Druck, pH-Wert, Salzgehalt der Lösung und vielem mehr ab; es läßt sich in vielen Fällen nicht sagen, warum gerade dieser kompliziert ausgebildete Calcit-Kristall entstanden ist.

Zwillinge – auch zum Selbermachen

Besonders interessant sind beim Calcit auch die Zwillinge, die nach zahlreichen verschiedenen Gesetzen auftreten und zum Teil sehr attraktiv sein können (siehe den Artikel von Mick Cooper auf Seite 18). Da gibt es Herz- und Schmetterlings-Zwillinge, ja sogar Drillinge und Vierlinge, aber auch solche, die eher unauffällig sind und meist übersehen werden, obwohl sie eigentlich häufiger auftreten als die schönen, attraktiven, die Mick Cooper beschreibt.
Solche Zwillinge kann man sogar selber erzeugen: Drückt man mit einer scharfen Messerschneide gleichmäßig und vorsichtig auf die Kante eines glasklaren und lamellenfreien Spaltrhomboeders, so läßt sich ein Teil des Kristalls durch Gleitung an Translationsflächen bruchlos in die Zwillingsstellung „umklappen". Hierzu allerdings gleich ein Hinweis an experimentierfreudige Leser: Das Ganze funktioniert zwar, die Erfolgsquote ist aber sehr gering, denn Calcit ist nicht „unkaputtbar", in den meisten Fällen bricht der Spaltrhomboeder einfach. Überlegen Sie also vorher, wieviel sie riskieren wollen!
Diese Art der Verzwillingung wird durch Druck erzeugt, so daß fast alle Calcite in metamorphen Gesteinen, z. B. in Marmoren, eine oft wiederholte lamellare Verzwillingung zeigen können, die zur typischen Streifung solcher Calcite führt.
Da Calcit in den verschiedensten Tracht- und Habitusformen auftritt, können natürlich auch die Calcit-Zwillinge bei gleichem Zwillingsgesetz sehr unterschiedlich aussehen, je nachdem, ob der Zwillingskristall zum Beispiel rhomboedrisch, skalenoedrisch oder prismatisch ausgebildet ist.

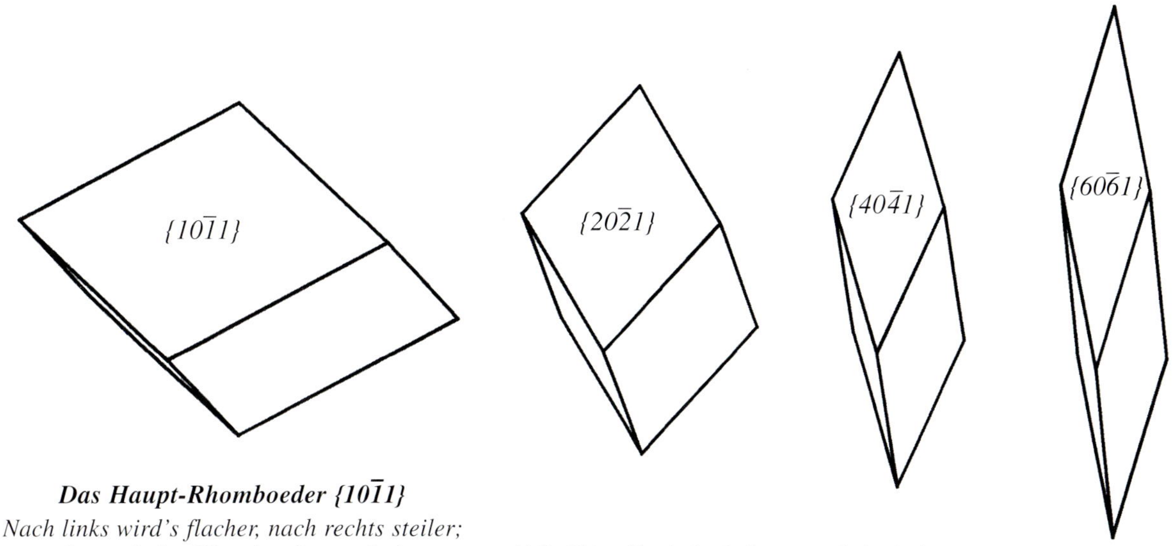

Das Haupt-Rhomboeder {$10\bar{1}1$}
Nach links wird's flacher, nach rechts steiler; es ist auch das Rhomboeder, nach dem alle Calcit-Kristalle spalten

(Alle Kristalle sind mit dem morphologischen Achsenverhältnis a : c = 1 : 0,855 gezeichnet)

***Rhomboeder**, eine Grundform mit großer Variabilität. Jeder der verschieden steilen Rhomboeder wird als eine eigene Kristallform gezählt; so weist Calcit zwar nur wenige Grundformen auf, diese jedoch in vielen Varianten. Diese Auswahlreihe ist nach links und rechts offen!*

Aus 8 unterschiedlichen Kristallformen

ist dieser Calcit-Kristall aufgebaut:
4 unterschiedliche Rhomboeder, 2 unterschiedliche Skalenoeder und 2 Pismen verschiedener Stellung

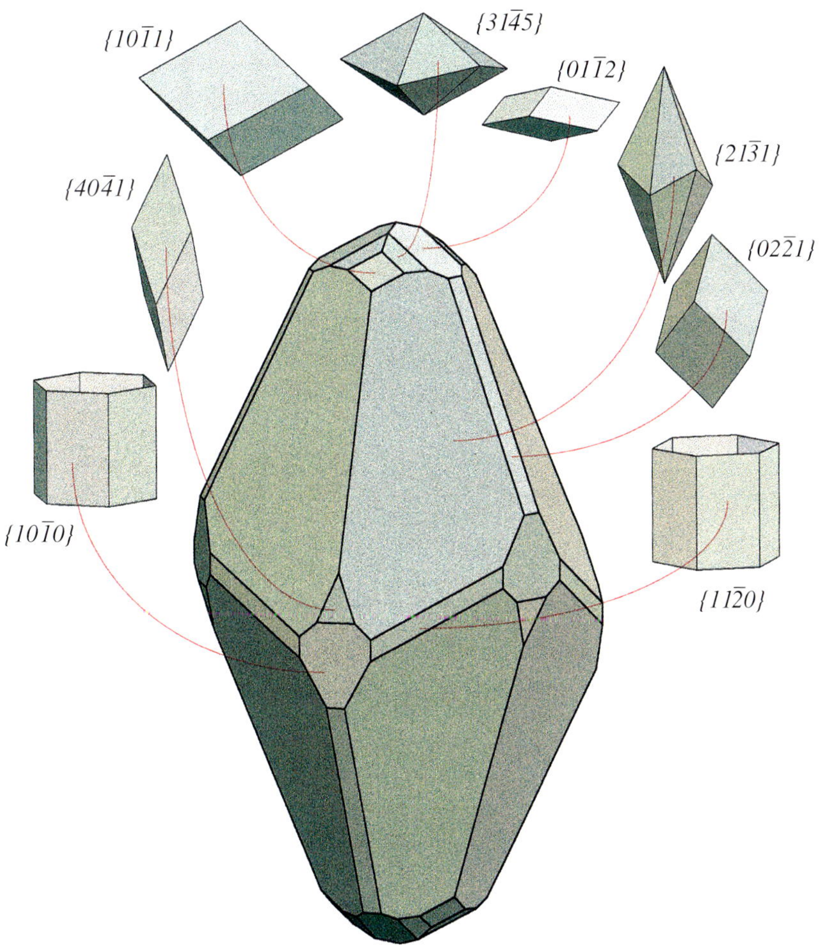

Mit SHAPE konstruiert in der Morphologie-Werkstatt von Erich Offermann, Arlesheim

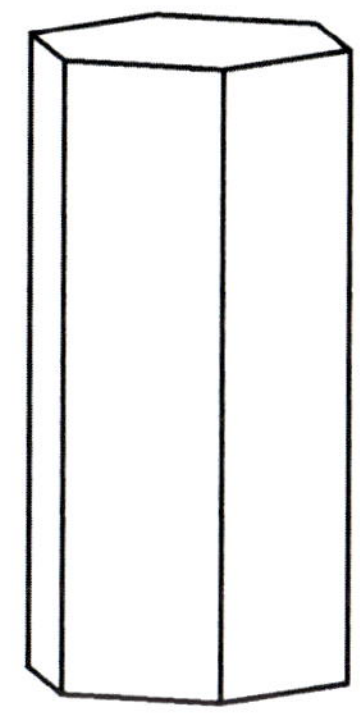

{0001} + {$10\bar{1}0$}

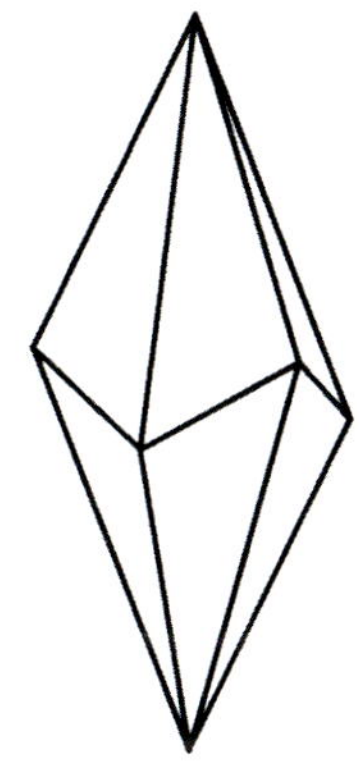

{$21\bar{3}1$}

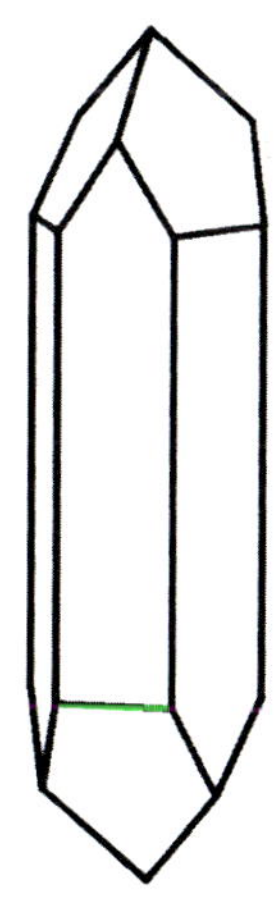

{$10\bar{1}0$} + {$02\bar{2}1$}

Prisma, Basis, Rhomboeder und Skalenoeder: Aus diesen Grundformen sind alle Calcit-Kristalle aufgebaut

Hier drei Beispiele mit den Indizes: links oben Basis (0001) mit Prisma {$10\bar{1}0$}, rechts Skalenoeder {$21\bar{3}1$}, darunter Rhomboeder {$02\bar{2}1$} mit Prisma {$10\bar{1}0$}

Weiter verbreitet als Pyrit!

Calcit – auch ein Überall-Mineral

Calcit ist das Mineral mit der weitesten Verbreitung überhaupt; er übertrifft sogar Pyrit. In allen Hauptgruppen der Gesteine kann Calcit als alleiniges gesteinsbildendes Mineral auftreten.
Karbonatit ist ein magmatisches Gestein, das fast nur aus Calcit aufgebaut ist; dabei können sogar, wie zum Beispiel am Kaiserstuhl, grobkörnige Karbonatit-Pegmatite mit Calcit-Kristalliten bis über 10 cm Größe auftreten. Am Oldoinyo Lengai-Vulkan im Ostafrikanischen Graben tritt sogar flüssiges Karbonatit-Magma an der Oberfläche aus. Ein faszinierendes, ja fast unheimliches Bild: weiße Lava!
Kalksteine als Sedimentgesteine, die weitgehend aus Calcit aufgebaut sind, sind allbekannt, darüber braucht nicht weiter geschrieben werden. Oft sind sie rein organischer Entstehung, es gibt aber auch anorganische Kalkfällung (siehe den Beitrag von Paul Rustemeyer, Seite 74).
Auch im Bereich der metamorphen Gesteine gibt es solche, die praktisch völlig aus Calcit bestehen: die *Marmore*.
Während gesteinsbildende Calcite naturgemäß keine schönen Kristalle bilden, können in den verschiedensten Lagerstättentypen hervorragende Calcite auftreten.
Calcit ist typisches Gangartmineral *hydrothermaler Gänge*. In Drusen und Hohlräumen finden sich oft hervorragende Kristalle; typisches Beispiel ist St. Andreasberg im Harz (siehe den Beitrag von Günter Grundmann, Seite 60).
Besonders klar sind oft die Kristalle aus *Hohlräumen vulkanischer Gesteine*, so zum Beispiel die berühmten Doppelspäte von Island oder die Calcite aus den Zeolith-Vorkommen Indiens.
Klüfte, Hohlräume und Gänge in *Kalkgesteinen* führen häufig Calcit in schönen, oft auch sehr großen Kristallen. Auch die meisten *Höhlenbildungen* wie Tropfsteine, Sintervorhänge, Excentriques bestehen entgegen landläufiger Meinung meist aus Calcit (siehe den Beitrag von Alain Martaud auf Seite 78).
Aus warmen *Quellen* ausgeschiedener Calcit kann wunderschöne Sinterterrassen (Pamukkale in der Türkei, Yellowstone Park in den USA) und poröse Kalktuffe bilden, wobei zahlreiche Pflanzenüberreste von Calcit regelrecht überkrustet werden.
Sehr selten wurde Calcit auch in einigen ungewöhnlichen *Meteoriten* gefunden, für die man die Herkunft vom Mars in Erwägung zieht.

Calcit ist vielfältig verwendbar

Calcit ist der einzige verwendete Calcium-Rohstoff zur Herstellung von Calcium-Verbindungen. Kalkstein dient als Ausgangsmaterial zahlreicher Produkte der anorganischen Chemie (Schröcke-Weiner, Mineralogie 1981):
Gebrannter und gelöschter Kalk dienen als Mörtel. Zur Herstellung des Portlandzements finden Kalksteine und Kalkmergel Verwendung. Bei der Glasherstellung werden Calciumsilikatgläser aus Quarz, Natriumcarbonat und Calcit erschmolzen. Calciumcarbid, ein Zwischenprodukt bei der Herstellung von Acetylen und dem Düngemittel Kalkstickstoff, wird durch Glühen von bereits gebranntem Kalk zusammen mit Koks hergestellt. Beim Hochofenprozeß dient Kalkstein als Zuschlag bei der Verhüttung saurer Eisenerze, um eine leicht flüssige Schlacke zu erhalten. Ein gebrannter Kalk dient zum Entschwefeln von schwefelhaltigem Roheisen.
Ganz allgemein werden Calcium-Verbindung zur Desoxidation von Metallschmelzen und zur Reduktion von Metalloxiden benutzt. Calcium dient zur Reduktion zahlreicher Metalloxide oder der Darstellung dieser Metalle durch die calciothermische Reduktion. Beispiele sind Titan, Beryllium, Zirkonium, Molybdän, Wolfram, Thorium und Uran.
Kalkstein dient seit alters als Baumaterial; so sind die Pyramiden von Gizeh alle aus lokalem Kalkstein gebaut. Marmor wird schon seit der Antike häufig zu Bildhauerarbeiten und für repräsentative Bauwerke verwendet. Die feinkörnigen und dichten Plattenkalksteine des Solnhofener Gebiets in Bayern ermöglichten die Entwicklung des Steindrucks (Lithographie ab 1799).
Kalkspat-Kristalle als solche werden eher selten verwendet. Wegen der hohen Doppelbrechung (siehe den Beitrag von Ferdinand Damaschun auf Seite 40) wurden sie zur Herstellung optischer Polarisatoren und Analysatoren (Nicolsche Prismen) benutzt. Sie waren einmal sehr gesucht und kostbar; heute jedoch sind sie weitgehend durch billigere und leicht herstellbare Polarisationsfolien aus organischen Materialien verdrängt.

1

2

Daß Calcite farblos sind, ist ein Vorurteil!

1 Herja, Maramures, Rumänien
Die 5,7 cm große Kugel ist zur Häfte mit Jamesonit gefärbt
Dan Weinrich Minerals, Foto Jeff Scovil

2 Dikulukwe Mine, Kolwezi, Shaba, Zaire
Das Element Cobalt färbt diesen 6 cm hohen Kristall
Roberts Minerals, Foto Jeff Scovil

3 Dal'negorsk, Primorskij Krai, Sibirien
Zwei parallel verwachsene Calcit-Kristalle, 6 cm
Sammlung Mike Bergmann, Foto Mick P. Cooper

4 Rudnij, Kasachstan
Ein flächenreicher Calcit-Zwilling, 8 cm groß;
Sammlung Bill Shelton, Foto Jeff Scovil

5 Bisbee, Arizona, USA
Die 8 cm große Stufe verdankt ihre Farbe dem Malachit
Sonora Desert Museum, Foto Jeff Scovil

3

4

5

χάλιξ · calx · Kalk · Kalkspat · Calcit

Eine Rarität aus Namibia

Calcit-Kristall auf ged. Kupfer und Cuprit von Onganja; Breite der Stufe 3 cm.

Sammlung Carolyn Manchester, Foto Jeff Scovil

Mineralname und Geschichte

Kalk, Kalksteine, Kalkmörtel und das Kalkbrennen sind seit der Antike bekannt. *Chalix* (χάλιξ) bedeutete im Griechischen Kalkstein, als *calx* wurde dieses Wort dann auch ins Lateinische übernommen.

Der Name „Kalkspat“ nimmt Bezug auf die ausgezeichnete Spaltbarkeit des Minerals. Als Spate wurden früher alle gut spaltenden Minerale bezeichnet: Feldspat, Manganspat, Schwerspat, Flußspat und andere.

Der Sammelname „Calcit“ für alle Erscheinungsformen des Calciumcarbonats in der Natur geht auf den Mineralogen Wilhelm Karl v. Haidinger (1845) zurück. Und Sir Humphrey Davy isolierte bereits 1808 ein neues Element aus gebranntem Kalk mit Hilfe eines elektrolytischen Verfahrens und nannte es Calcium.

In der Geschichte der Kristallographie und in der Physikgeschichte spielt Calcit als Material für experimentelle Untersuchungen und theoretische Überlegungen wiederholt eine große Rolle: Am isländischen Kalkspat beobachtete 1668 Erasmus Bartholin die Doppelbrechung des Lichts. Diese Entdeckung bildete den Ausgangspunkt für Christian Huygens wellentheoretische Deutung der Lichtausbreitung (1678) sowie für die gesamte Kristalloptik, insbesondere die Polarisationsmikroskopie.

Calcit-Spaltrhomboeder bildeten den Ausgangspunkt zu René Just Haüys Überlegungen über den Aufbau der Kristalle aus Elementarbereichen und damit die gedankliche Grundlage für die moderne Strukturkristallographie (siehe den Beitrag von Lydie Touret auf Seite 26).

Und last not least ist Calcit seit langem ein Lieblingskind der Sammler. Er ist weit verbreitet, bildet wunderschöne Kristalle, und man ihn auch an vielen Orten der Welt selbst auffinden.

Schmuckstück aus England

Pyrit-Kriställchen auf einer Calcit-Stufe von Cambokeels, Weardale, Durham
Die Calcite weisen tafeligen Habitus auf; der große Kristall mißt 2 cm
Fund von 1990, Sammlung David Green, Foto Michael P. Cooper

Calcite lügen gerne

Rupert Hochleitner erläutert die verschiedenen Möglichkeiten des Calcits, keiner zu sein und doch so auszuschauen

Ist es Ihnen noch nicht passiert? Da findet man auf der Stufe einen astreinen Skalenoeder oder Rhomboeder, also ganz typisch Calcit, und beim näheren Untersuchen stellt man entweder fest, daß er für Calcit viel zu hart ist und nicht mit Salzsäure braust, oder daß der schöne Kristall gar völlig hohl ist: Wir haben hier eine Pseudomorphose vor uns.
Das ist nun nichts Schlimmes oder Unangenehmes oder etwa ein „verfaulter Kristall", wie mir ein Steinbrucharbeiter einmal angesichts einer wunderschönen Pseudomorphose von Bityit nach Beryll sagte. Ganz im Gegenteil, Pseudomorphosen sind etwas besonders Interessantes und Schönes. Sie haben nur einen Nachteil: Sie verführen zum Nachdenken.
Ganz grundsätzlich ist das mit der Pseudomorphose einfach, und es beginnt wie im Märchen: Es war einmal – ein schön ausgebildeter Kristall, der im Laufe seiner Existenz durch eine andere Mineralsubstanz ersetzt wurde. Das geschah allerdings so langsam und exakt, daß die Gestalt des ursprünglichen Kristalls beibehalten wurde, so daß sich das neue Mineral jetzt in einer ihm gar nicht zustehenden Form zeigt.

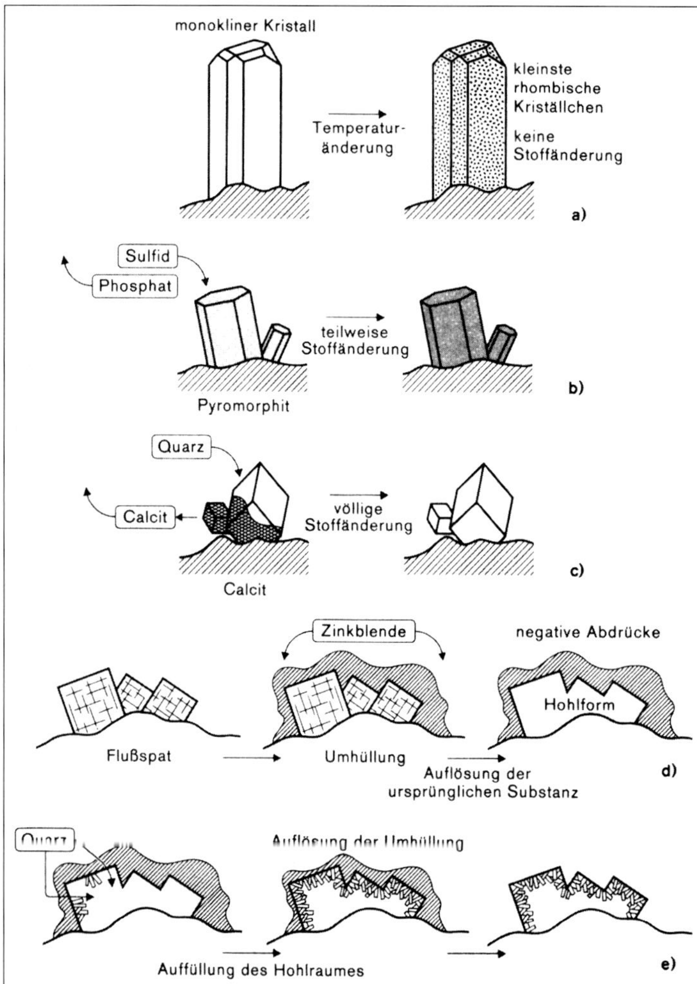

Entstehung von Pseudomorphosen (schematisch)
a) Paramorphose von α- nach β-Schwefel
b) Umwandlungspseudomorphose von Bleiglanz nach Pyromorphit
c) Verdrängungspseudomorphose von Quarz nach Calcit
d) Perimorphose von Zinkblende nach Fluorit
e) Auffüllungspseudomorphose von Quarz nach Fluorit

Aus: Werner Lieber, Mineralogie in Stichworten, Kiel 1969

Eine „Lügengestalt"

Wenn wir also eine Pseudomorphose vor uns haben, dann sehen wir – ganz im Gegensatz zu einer „normalen" Mineralstufe – nicht nur das, was jetzt in diesem Augenblick da ist, sondern wir erfahren auch etwas über das, was vorher da war. Während uns also eine „normale" Mineralstufe nur den augenblicklichen Ist-Zustand zeigt, erfahren wir durch die Pseudomorphose auch, wie es dazu gekommen ist.
Eine Pseudomorphose läßt uns also nicht nur einen einzigen Augenblick in der Existenz eines Minerals erleben, sondern einen ganzen Zeitabschnitt, in dem sich ein Mineral gebildet hat und ein anderes dafür wieder verschwunden ist.
Pseudomorphosen sind daher für die Wissenschaft außerordentlich wichtig, weil sie Rückschlüsse auf die Entwicklung der Bildungsbedingungen in einem ganzen Zeitbereich erlauben. Haben wir zum Beispiel einen in Malachit umgewandelten Cuprit-Kristall vor uns, so bedeutet das, daß nach der Bildung des ursprünglichen Kupferoxids Cuprit eine Kohlensäurezufuhr stattgefunden haben muß, so daß sich daraus das Kupfercarbonat Malachit bilden konnte.
„Pseudein" ist griechisch und heißt „lügen", „morphe" heißt „Gestalt". Eine Pseudomorphose ist also eine „Lügengestalt".

Para-, Peri- und andere

Nach der Einteilung von Lieber (Mineralogie in Stichworten, 1969) lassen sich die Pseudomorphosen folgendermaßen einteilen (in unserem Falle natürlich unter besonderer Berücksichtigung des Calcits):

Pseudomorphosen von Calcit

1. Paramorphosen oder Umlagerungspseudomorphosen: Sie können nur entstehen, wenn eine Substanz verschiedene Modifikationen bildet, wenn also verschiedene Mineralien mit gleicher Zusammensetzung – aber mit unterschiedlicher Kristallstruktur auftreten.
Das ist auch bei Calcit der Fall: Es gibt ja nicht nur den trigonalen Calcit, sondern auch den orthorhombischen Aragonit. Dabei ist unter den meisten Bedingungen die trigonale Modifikation die stabilere, so daß es wohl immer wieder Paramorphosen von Calcit nach Aragonit gibt, aber praktisch nicht umgekehrt.
2. Umwandlungs-Pseudomorphosen entstehen, wenn sich die chemische Zusammensetzung des ursprünglichen Minerals nur teilweise verändert, das heißt, wenn ein Teil des Elementinventars des ursprünglichen Minerals erhalten bleibt. Ein gutes Beispiel ist der Fluorit (CaF_2), der den Calcit ($CaCO_3$) unter Beibehaltung des Calciums – und seiner Kristallgestalt – ersetzen kann.
3. Verdrängungs-Pseudomorphosen entstehen, wenn die ursprünglich vorhandene Substanz unter Beibehaltung der Gestalt durch eine völlig andere chemische Substanz ersetzt wird. Beispiel sind etwa die gar nicht so seltenen Pseudomorphosen von Quarz (SiO_2) nach Calcit ($CaCO_3$).
4. Perimorphosen oder Umhüllungs-Pseudomorphosen entstehen, wenn ein Kristall von einem anderen Mineral umhüllt und dann später weggelöst wird. Übrig bleibt eine hohle Hülle in der Form des ursprünglichen Kristalls, sozusagen eine Negativ-Form. Gerade bei Calcit, der ja in allen möglichen Säuren gut löslich ist, tritt das oft auf. Häufigstes Umhüllungsmineral ist sicher der Quarz, es treten aber auch Dolomit, Fluorit, Hämatit und andere auf.
5. Ausfüllungs-Pseudomorphosen entstehen, wenn der Negativhohlraum einer Perimorphose wieder ganz oder teilweise durch ein weiteres (oder auch das gleiche) Mineral gefüllt wird. Dabei kann die Hülle erhalten bleiben, aber auch wieder weggelöst werden. Je nach dem ergeben sich ganz unterschiedliche Bilder.

Bei Calcit häufig

Calcit ist ein Mineral, das relativ häufig Pseudomorphosen zeigt. Dabei handelt es sich meist um Pseudomorphosen von irgendwelchen Mineralien

Zwei Perimorphosen

Oben *von Quarz nach prismatischen Calcit-Kristallen*
In drei Kristalle kann man gut hineinschauen
Stahlhäusel bei Lobenstein, Bildbreite 10 cm

Unten *von Quarz nach Calcit-Skalenoedern (auf Fluorit)*
Marienschacht, Wölsendorf, Breite der Stufe 15 cm
Mineralogische Staatssammlung München, Fotos Rupert Hochleitner

Verwandlungen: Umlagerung, Umhüllung,

Perimorphose von Dolomit nach Calcit
Grevenbroich, Sauerland

***Oben** die Außenseite des „Calcit"-Skalenoeders; etwa 12 cm*

***Unten** ein Blick nach innen: Der durch die Form versprochene Calcit fehlt – alles ist Dolomit*

Mineralogische Staatssammlung München, Foto Hochleitner

nach Calcit – sehr viel seltener um solche von Calcit nach irgendwelchen anderen Mineralien. Beim Großteil handelt es sich – wegen der guten Löslichkeit des Calcits auch zu erwarten – um Perimorphosen oder Ausfüllungs-Pseudomorphosen. Auch Verdrängungs-Pseudomorphosen gibt es häufiger, während die ersten beiden Gruppen, Paramorphosen und Umwandlungs-Pseudomorphosen, beim Calcit recht selten sind.
Pseudomorphosen sind zwar nicht streng an bestimmte Lagerstätten gebunden, am häufigsten sind sie aber in hydrothermalen Lagerstätten und Oxidationszonen. Das trifft auch bei Calcit zu. Auf einfachen Klüften im Kalkstein findet man sie eher selten, dagegen sind hydrothermale Gänge, wie etwa die Flußspatgänge von Wölsendorf in der bayerischen Oberpfalz, oft geradezu ein Eldorado für Calcit-Pseudomorphosen.
Nicht als Pseudomorphosen gelten die sogenannten Sand-Calcite: Die Sandkörner treten in diesen Calciten lediglich als Einschlüsse auf, dafür aber so dicht, daß man kaum noch Calcit-Substanz erkennen kann.
Natürlich ist auch das orthorhombische Calciumcarbonat, der Aragonit, gerne an Pseudomorphosen beteiligt, jedoch viel seltener als Calcit.
Um das Wissen über Pseudomorphosen zu vertiefen und das Erkennen zu üben – sie können einen schließlich fast überall überraschen –, sind hier noch einige Fallbeispiele mit Fotos genauer beschrieben.

Perimorphose von Grevenbroich

Diese **Perimorphose** von Dolomit nach Calcit von Grevenbroich im Sauerland ist etwa 12 cm lang. Ein scheinbar typischer Calcit-Skalenoeder ist aus zahlreichen Dolomit-Rhomboederchen aufgebaut, was durch die Salzsäureprobe schnell offenbar wird. Betrachtet man die Oberfläche des Skalenoeders mit der Lupe, kann man die einzelnen Dolomit-Kristalle gut erkennen.
Richtig interessant wird es aber erst, wenn man den vermeintlichen Calcit-Kristall umdreht. Dann sieht man nämlich, daß der Skalenoeder innen hohl ist, daß es sich also um eine Perimorphose, eine Umhüllungs-Pseudomorphose handelt. Die Innenseite dieses hohlen Skalenoeders ist also ein Abdruck der Oberfläche eines ursprünglichen Calcit-Kristalls.

Verdrängung, Umwandlung, Auffüllung

Betrachtet man die Innenseite genauer, sieht man, daß sie nicht glatt ist, wie die Oberfläche eines Kristalls sein sollte. Man sieht eine ganze Reihe von aus Dolomit-Kristallen gebildeten Stegen herauswachsen, die in ganz bestimmten Winkeln zueinander stehen. Mißt man die Winkel, so stellt man schnell fest, daß sie den Winkeln zwischen den Spaltflächen des Calcits entsprechen. So bietet sich als Erklärung für die Stege an: Wird der Calcit angeätzt, z. B. durch eine Säure, so wirkt das Ätzmittel nicht gleichmäßig. Dort, wo Beschädigungen oder Spaltrisse vorliegen, dringt die Säure schneller ein und ätzt tiefer.
Im Falle unserer Perimorphose war es nun so: Die Lösung, die den Dolomit auf dem ursprünglichen Calcit-Skalenoeder absetzte, löste auch den Calcit langsam auf – zuerst entlang der Spaltrisse. Entlang dieser Lösungshohlräume setzten sich jetzt zusätzlich neue Dolomit-Kriställchen ab, die die gut sichtbaren Stege bildeten. Das hätte, im Gleichgewicht von Auflösen des Calcits und Absatz des Dolomits, jetzt so weitergehen können, bis der ganze Calcit durch Dolomit ersetzt worden wäre. Dies war aber hier nicht so. Lange bevor aller Calcit weggelöst war, hörte die Dolomit-Bildung auf. Die Calcit-Lösung ging aber weiter, bis kein Calcit mehr vorhanden war, so daß letztlich ein Hohlraum übrigblieb, in dem die Füllungen der ersten Lösungskanäle entlang der Spaltrisse gut sichtbar sind.

Verdrängung von Ilfeld

Eine typische **Verdrängungs-Pseudomorphose** zeigt ein anderes Stück. Es handelt sich um eine Pseudomorphose von Pyrolusit nach Calcit; die Substanz der skalenoedrischen Calcit-Kristalle wurde praktisch vollständig durch das Manganoxid Pyrolusit ersetzt – die Form aber blieb perfekt erhalten.
Wir haben hier eine seltene und historische Stufe aus der berühmten Mangan-Lagerstätte Ilfeld im Harz vor uns.

Unvollständig verdrängt

Hier liegt eine **Verdrängungs-Pseudomorphose** von Hämatit nach Calcit vor. Gut erkennbar ist, daß die Verdrängung durch den Hämatit allerdings nicht vollständig vollzogen wurde: Der untere

Zwei Verdrängungs-Pseudomorphosen: ursprünglich Calcit, heute ein anderes Mineral
Oben *von Pyrolusit nach Calcit, Ilfeld im Harz; Breite 8 cm*
Unten *von Hämatit nach Calcit, Sauerland; Länge 8 cm*
Mineralogische Staatssammlung München, Foto Hochleitner

Calcit-Pseudomorphosen

Teil besteht immer noch aus Calcit; der Übergang ist im Bild deutlich erkennbar. Das seltene und interessante Stück stammt aus dem Sauerland; die Länge des Kristalls beträgt 8 cm; es liegt in der Mineralogischen Staatssammlung München.

Umhüllung
Chalcedon nach Calcit von Schneeberg in Sachsen. Mineralogische Staatssammlung München, Foto Rupert Hochleitner

Umhüllung aus Schneeberg

Reizvoll ist diese **Umhüllungs-Pseudomorphose** von Quarz nach Calcit; sie stammt aus dem alten Erzrevier um Schneeberg im sächsischen Erzgebirge. Das Foto zeigt einen etwa 4 cm breiten Ausschnitt der Stufe.
Hier wurden flach-rhomboedrische Calcit-Kristalle vollständig durch feinkristallinen Quarz (hier: Chalcedon) umwachsen. Man blickt also auf Quarz, hat aber die Form des Calcits vor sich. Ist der Calcit darunter weggelöst, hat man nur noch die dünne Chalcedon-Schicht vorliegen.

Komplexe Bildung von Wölsendorf

Die bisherigen Beispiele für die „Lügengestalten“ des Calcits waren relativ einfach zu entlarven. Es gibt aber auch außerordentlich knifflige Fälle: Eine ziemlich komplexe **Pseudomorphose** nach Calcit zeigt ein Stück vom Marienschacht bei Wölsendorf in der Oberpfalz; die Stufe ist etwa 12 cm breit. Sie erzählt eine lange Entstehungsgeschichte in vielen Schritten:
1. Schritt: Die erste Bildung waren bis zu 5 cm lange Skalenoeder von Calcit.
2. Schritt: Diese wurden dann von einem Rasen winziger Quarz-Kriställchen überzogen.
3. Schritt: Der Calcit wurde weggelöst, übrig blieb eine Perimorphose von Quarz nach Calcit.
4. Schritt: Auf dem Quarz setzten sich winzige Pyrit-Kriställchen ab.
5. Schritt: Die Perimorphosen wurden von schön rosafarbenen, sattelförmigen Dolomit-Kristallen teilweise überwachsen. Der Dolomit füllte auch den Hohlraum der Perimorphosen völlig aus. Aus der Umhüllungs-Pseudomorphose entstand so eine Ausfüllungs-Pseudomorphose.
Diese Stufe läßt also einen ganzen Bildungsabschnitt erkennbar werden, in dem sich die mineralbildenden Lösungen mehrfach geändert haben müssen, sowohl was pH-Wert als auch Lösungsinhalt betrifft, um den jetzigen Zustand der Stufe zustande bringen zu können.
Sie sehen: Pseudomorphosen sind ein reichhaltiges und spannendes Sammelthema. Fangen Sie an!

Eine kleine Eselsbrücke

Für die Bezeichnung von Pseudomorphosen gibt es eine genau festgelegte Form. Es heißt immer: Pseudomorphose von „Mineral A“ nach „Mineral B“. Dabei handelt es sich bei „Mineral A“ immer um das jetzt im Augenblick der Betrachtung vorliegende Mineral, bei „Mineral B“ um das ursprüngliche, nur mehr an seiner Form erkennbare Mineral. Merken Sie sich einfach diesen Satz:

» Das was ist nach dem was war «

(in Bairisch: »Deswosisnachdemwoswoa«)

Sie können sich das Wort „nach“ auch zeitlich vorstellen, dann funktioniert es auch!

„Das was ist nach dem was war“

Eine komplexe Pseudomorphose

Fünf unterschiedliche Verwandlungsschritte hat diese Stufe durchlaufen; Erläuterung siehe linke Seite.

Marienschacht, Wölsendorf, Breite etwa 15 cm

Mineralogische Staatssammlung München

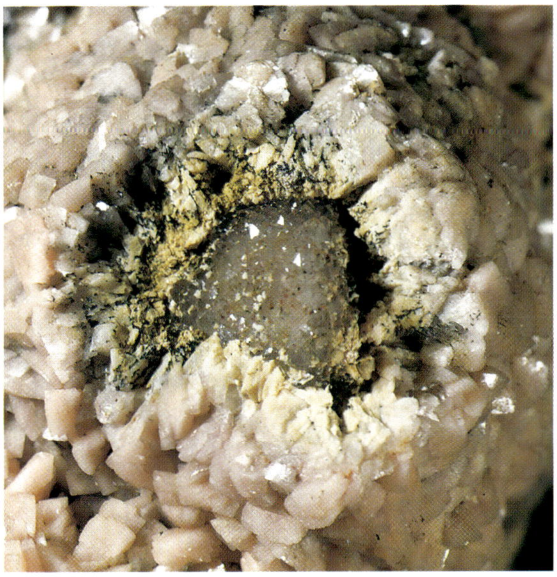

Details aus obiger Stufe:

***Links** ein Blick auf den Kopf des großen Kristalls: Durch ein Fenster in der Dolomit-Schicht blickt man auf die Quarz-Perimorphose*

***Rechts** ein Detail des Querbruchs: Der Aufbau ist deutlich sichtbar*

Fotos Rupert Hochleitner

Cumberland, oder:

Dafür ist England berühmt: Calcite und ihre Zwillinge

Links oben
eine prächtige Cumberland-Stufe; Fundort Egremont, ein Namen, den jeder Calcit-Sammler kennt. Diese 9 cm hohe Stufe zeigt Skalenoeder bis 4 cm Länge. Aus dem Nottingham Natural History Museum, Sammlungsnummer MN 505

•

Oben rechts
einer der seltenen Zwillinge aus Wales: ein 6 cm langer Calcit-Zwilling (0001) von Taff's Well, Cardiff, Mid Glamorgan; Sammlung Ian Jones, Sammlungsnummer 1174

•

Links unten
ein sogenannter „Derbyshire-Twin": ein 7 cm langer Calcit-Zwilling (0001) auf kleineren Kristallen und Matrix von Ladywash, Eyam, Derbyshire. Aus dem Derby Museum

•

Fotos von Michael P. Cooper

das Land der legendären Calcit-Zwillinge

Michael Cooper, Kustos der Sammlung von Nottingham, über die prächtigen englischen Calcite und ihre Zwillinge

Hier ein Schmetterlings-Zwilling nach (01$\bar{1}$2) aus Cumberland; die Farbe rührt von feinst verteiltem Hämatit her. Maße 57 x 45 mm. Sammlung und Foto von Lindsay Greenbank

„Warum sollten wir unsere Visionen mit irgendwelchen mikroskopischen Kristallen von Utah oder Sibirien peinigen, wenn wir doch so wunderbare Calcium-Carbonate bekommen können? Da sagt uns ein Mineralienhändler: ‚Hier ist eine brandneue Spezies, die müssen Sie in ihr Verzeichnis aufnehmen', und der Kunde kneift die Augen zusammen und stellt einen neuen Brocken voll der Hoffnung in sein Kabinett. Aber schon ein Rhomboeder des Island-Spats ist doch eine Freude für die Ewigkeit! Ein Kristallgeflecht von gediegen Kupfer inmitten eines Kalkspatkristalls, das lohnt sich doch anzusehen. Also: Bringt mir noch mehr von diesen schönen Kalkspäten!"

Als der amerikanische Mineraliensammler Charles Pennypacker – ein exzentrischer Kolumnist für das US-Journal „The Mineral Collector" – im Jahre 1896 diese Zeilen verfaßte, war der Mineralienmarkt gerade vollgestopft mit den prächtigen Calciten aus englischen Gruben.

Die weißen Calcite aus den Bleivorkommen des *Northern Pennine Orefield* waren kurz- bis langprismatisch und zeigten flachrhomboedrische Kristallenden. Aus *Derbyshire* kamen die tollen „Derbyshire Twins", die Schmetterlings- und die Ergänzungs-Zwillinge nach der Basis, oft cremefarben bis goldbraun. Sogar *Cornwall*, wo schöne Calcit-Kristalle eher zu den Seltenheiten zählen, brachte eine große Fülle spezieller Calcite hervor, flachtafelige bis papierdünne „Papers" oder auch „Angel Wings", die typisch für den Westen von Cornwall wurden –, aber auch die klassischen V-förmigen Zwillinge von Wheal Wrey.

Aber es waren die Calcite aus den großen und bedeutenden Hämatit-Lagerstätten im Westen von *Cumberland* (heute: *Cumbria*), die die Phantasien der Mineraliensammler beflügelten und die Angebote der Mineralienhändler in der ganzen Welt bereicherten.

Im Westen von Cumberland

Die Eisenbergwerke im Westen von Cumbria und im Furness District, damals noch Nord-Lancashire, bauten eine der reichsten Hämatit-Lagerstätten der Welt ab. Die Erze waren wertvoll. Sie zeigten

Ein Standard für Schönheit

beste Qualität, ideal für die Stahlproduktion in dem gerade hochmodernen Bessemer-Verfahren. Die Vorkommen sitzen in einem Kalkgestein, das zahllose Hohlräume und Drusen aufweist – hier bezeichnet als „loughs“ –, und darin steckte ein wahrer Schatz aus Calcit- und Baryt-Kristallen, wie man ihn zuvor noch nie gesehen hatte.

Zwilling nach der Basis
Der typische „Derbyshire Twin“ nach (0001), in der Mitte gut als Spiegelebene zu erkennen.
Ein 6 cm großer Kristall mit Pyrit-Einschlüssen von Riber, Mattlock, Derbyshire. Gesammelt 1957 von Bob King, heute im National Museum of Wales (Nr. K 1391, NMW M5087). Foto von Michael Cooper

Manchmal saßen die Calcit-Kristalle so leicht auf ihrer Matrix, daß die Bergleute sie förmlich mit der Hand wie auf einer Blumenwiese pflücken konnten.
Die Calcite waren unübertroffen schön und stellten schnell einen neuen Standard für Schönheit auf, der bis heute nur von wenigen Funden überboten wurde. Die besten dieser durchsichtig-klaren und facettenreichen Juwelen erreichen 10 cm Länge und sitzen zu strahligen Kristall-Skulpturen zusammen. Einzelne Kristalle überraschen mit einer Vielfalt an Kristallformen, vorwiegend verschiedene Skalenoeder, Prismen und Rhomboeder in einem Überfluß, wie sie sonst nur wenige Calcit-Fundstellen bieten. Und als wäre es nicht genug damit, erscheinen in Cumbria auch noch herausragende Zwillingsbildungen.

Henry Miers und die Zwillinge

Die ersten Stufen kamen um 1888 ans Tageslicht. Henry Miers (1858 - 1942) vom Department of Mineralogy im Britischen Naturkundemuseum erkannte sofort ihre Bedeutung und schrieb noch im gleichen Jahr für die Mineralogical Society eine Arbeit, die im folgenden Jahr veröffentlicht wurde. Er sammelte die Calcite, und auch als er 1895 am Oxford University Museum die Professur für Mineralogie bekam, kaufte er weiterhin Cumberland-Calcite.
Schon Miers stellte fest, daß alle vier wesentlichen Zwillingsgesetze an den Stufen von Cumberland zu beobachten sind – kein Wunder, daß er sie in seinem Standardwerk „Mineralogy, an Introduction to the Scientific Study of Minerals“ (London 1902) ausführlich beschrieben hat; auf der rechten Seite zeigen wir hier die darin enthaltenen Kristallzeichnungen dazu. Die vier Zwillingsgesetze am Calcit sind:

1. Zwilling nach der Basis (0001)
Der Zwilling nach dem „Basispinakoid“, der Ergänzungszwilling mit der Verwachsungsfläche (0001); er ist am einfachsten zu erkennen. Weil man diese Zwillinge an den Calcit-Skalenoedern von *Derbyshire* besonders häufig fand, nannte man sie in England einfach „Derbyshire Twins“ (Foto Seite 18).
An den Calciten von *Cumberland* erscheint aber besonders häufig ein Prisma als trachtbestimmende Form. Die Zwillingsbildung ist auch an diesen Kristallen leicht erkennbar: Die beiden Kristalle haben eine gemeinsame Hauptachse, und etwa in der Mitte des Zwillings erscheint im Inneren meist deutlich eine ebene Fläche wie eine Symmetrie-Ebene, an der sich etwa vorhandene innere Spaltebenen spiegeln können.

Bitte lesen Sie weiter auf Seite 24

Strenge Gesetze, lockere Handhabung

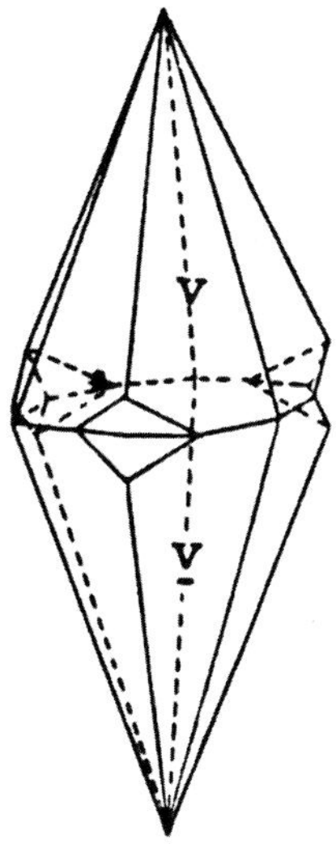

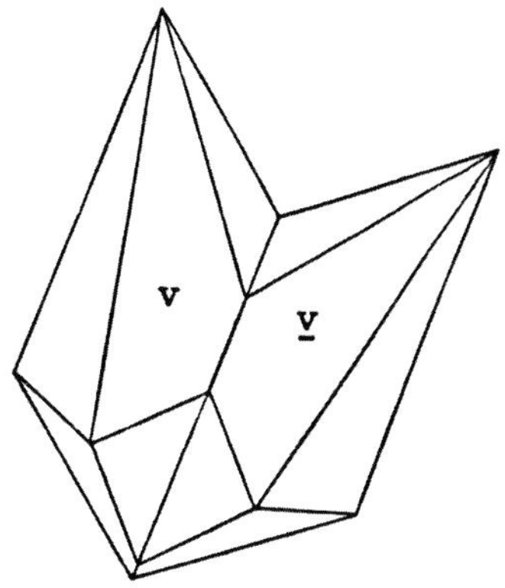

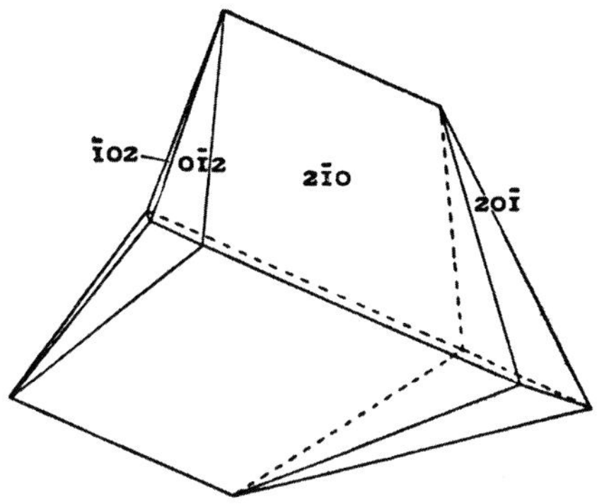

Cumberländer Calcit-Zwillinge, gezeichnet von Henry Miers, London 1902
Links Skalenoeder, nach der Basis verzwillingt; in der Mitte Skalenoeder nach dem negativen Rhomboeder $\{02\bar{2}1\}$*; rechts ein flächenreicherer Calcit nach* $(01\bar{1}2)$*; die Flächenbezeichnungen dieser Skizzen sind heute nicht mehr gebräuchlich*

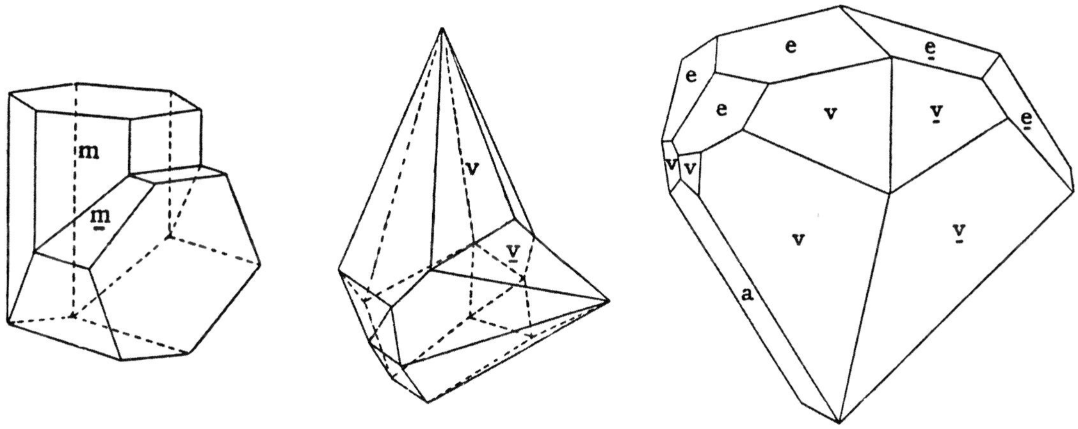

Hier drei unterschiedliche Zwillinge, die aber alle demselben Gesetz folgen: Zwillingsebene ist das Haupt-Rhomboeders $(10\bar{1}1)$*. Solche Unterschiede entstehen vor allem durch die verschiedene Tracht. Henry Miers, London 1902*

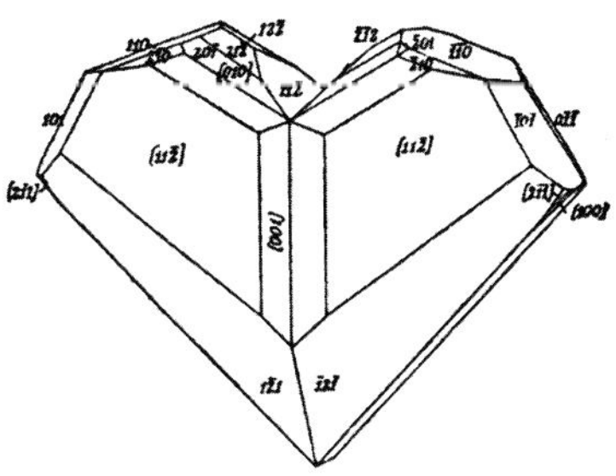

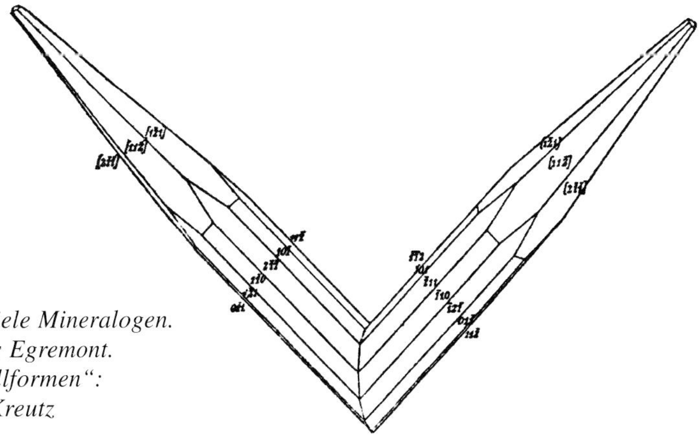

Mit Cumberländer Zwillingen befaßten sich viele Mineralogen. Hier zwei Zeichnungen von Calciten aus Egremont. Victor Goldschmidts „Atlas der Krystallformen": Sie entstammen einer Arbeit von Kreutz aus dem Jahre 1907

Eine Augenweide,

aber ein anspruchsvolles Thema für den Sammler: Zwillinge aus Cumberland.
Leider gehören Funde aus dem alten, englischen Eisenerzrevier der Vergangenheit an.
Auf dieser Doppelseite fünf Stufen aus der Sammlung Lindsay Greenbank.

Aus Frizington, Cumberland

Sieht man selten: ein Zwilling aus prismatischen Kristallen; etwa 8 cm breit. Man beachte den Verlauf der Spaltflächen!

Ursprünglich aus der Privatsammlung von Richard Barstow (1947 - 1982); durch die Witwe 1982 verkauft an Ralph Sutcliffe; seit 1991 in der Sammlung Lindsay Greenbank (Slg.-Nr. LG 29)

Aus Frizington, Cumberland

Sieht man häufiger: ein Zwilling aus skalenoedrischen Kristallen; etwa 6 cm breit.

Das Stück wurde 1901 für 1 Pfund von John Graves an das British Museum Natural History verkauft; Ralph Sutcliff tauschte es 1985 gegen einen Ludlamit von Wheal Jane, und 1991 gelangte es in die Sammlung Lindsay Greenbank (Slg.-Nr. LG 34)

Fotos von Michael P. Cooper

Oben: Egremont

Eine 11 x 8 cm große Stufe mit Schmetterlings-Zwillingen. Früher Sammlung Rau, Humboldt-Universität Berlin

Links: Bigrigg

Klassischer Herz-Zwilling vom Croft Pit; ursprünglich aus der Sammlung John Graves

Rechts: Bigrigg

Ein ungewöhnlicher Zwilling mit Flächenstreifung von der Bigrigg Mine

Sammlung und Fotos Lindsay Greenbank

Schmetterlinge, Herzen und Axtköpfe

Von Bigrigg
Ein typischer „Axe-head twin“ (Axtkopf-Zwilling) vom Croft Pit, Bigrigg, West-Cumbria. Ursprünglich aus der Sammlung Arthur G. W. Kingsbury. Sammlung und Foto Lindsay Greenbank

Solche Zwillinge zeigen an ihrer Naht nicht notwendigerweise einspringende Winkel – woran man Zwillinge ja für gewöhnlich am einfachsten und sichersten erkennt.

2. Nach dem Haupt-Rhomboeder $\{10\bar{1}1\}$
Wesentlich seltener erscheinen in Cumberland die Zwillinge nach dem Haupt-Rhomboeder $\{10\bar{1}1\}$; Zwillingsebene ist $(10\bar{1}1)$. Aber er ist der Sieger unter den Cumberländer Calciten: Ein „Butterfly“ oder ein „Heart“ (Schmetterling oder Herz-Zwilling) ist einfach der Liebling aller Sammler. Man erkennt an diesen Zwillingen gut, daß es in jedem der beiden Kristalle nur eine Richtung von Spaltebenen gibt, nämlich parallel zum Rhomboeder. Die beiden Individuen bilden dabei untereinander fast einen rechten Winkel; beobachten Sie das gut auf den Fotos dieses Artikels.
Die Gesamtform – Schmetterling oder Herz – der Zwillinge hängt von Tracht und Habitus der Einzelkristalle ab, aber auch davon, wie weit die Flächen den einspringenden Winkel „ausfüllen“. Am einfachsten zu erkennen sind Zwillinge aus Skalenoedern oder Prismen (letztere sind viel seltener), deren einspringender Winkel wirklich deutlich offen steht.
Dieser kann aber auch nur wenig entwickelt sein, wenn Skalenoeder und Rhomboeder entsprechend kombiniert sind: Es entsteht eine geschlossenere Form. Im ersten Fall haben wir einen „Schmetterlings-Zwilling“ oder einen „Axe Head“ mit einer scharfen Kante vor uns, und im zweiten Fall den rundlich geschlosseneren Herz-Zwilling. Diese Herz-Zwillinge werden oft als „Schwimmer“ gefunden, also praktisch ohne erkennbare Anwachsstelle; die Schmetterlinge aber thronen oft prächtig auf einer Matrix.

3. Nach dem Rhomboeder $\{0\bar{2}21\}$
Am seltensten in Cumbria ist der „V-twin“, der V-förmige Zwilling nach dem negativen Rhomboeder $\{0\bar{2}21\}$; Zwillingsebene ist $(0\bar{2}21)$. Hier treffen sich zwei Individuen unter einem Winkel von ungefähr 45°; die inneren Spaltebenen liegen dabei nicht zueinander parallel.
Auch bei diesem Zwillingsgesetz können Herzen und Schmetterlinge entstehen, doch braucht es einige Übung, um sie von den $(10\bar{1}1)$-Zwillingen richtig zu unterscheiden.

4. Nach dem stumpfen Rhomboeder $\{01\bar{1}2\}$
Recht häufig ist dagegen der Zwilling nach der Rhomboeder-Fläche $(01\bar{1}2)$, sozusagen nach dem „ersten stumpferen“ Rhomboeder $\{01\bar{1}2\}$. Manchmal ist er mit lamellarer Wiederholung gewachsen, was auf den Spaltstücken eine feine, parallele Streifung hervorruft.
Diese Zwillingsbildung formt auch den Lamellenbau von Calcit in metamorphen Kalken, entsteht dort aber durch Druck: Das Kristallgitter klappt dabei regelrecht um (Drucklamellen-Zwilling), hier ein Beispiel, entstanden durch eine Gleitung nach $(01\bar{1}2)$:

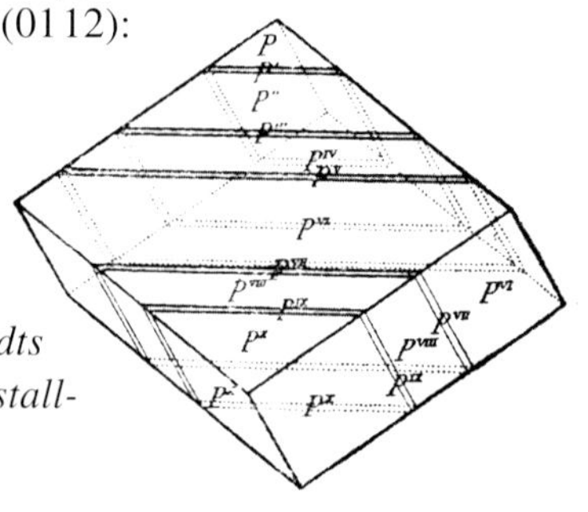

Aus Goldschmidts „Atlas der Krystallformen“, 1913.

„Forever classic, classics forever“

An frei gewachsenen Kristallen ist der Zwilling nach $\{01\bar{1}2\}$ gar nicht so einfach zu bestimmen: Die zwei verschiedenen Spaltebenen der einzelnen Kristalle verlaufen nämlich parallel, und die einzelnen Individuen stehen in einem Winkel von rund 120° zueinander.
Nach diesem Gesetz können sogar Vierlinge entstehen; man konnte sie unter anderem in Mexiko und in Hüttenberg beobachten.
Soweit zu den vier Zwillingsgesetzen, wie sie um das Jahr 1900 der Londoner Mineraloge Henry Miers beschrieb; an dieser Einteilung hat sich bis heute praktisch nichts geändert.
Übrigens: Es hat bisher wohl noch niemand die Zwillingsgesetze am Calcit systematisch und weltweit studiert. Es könnte also gut sein, daß noch weitere Möglichkeiten existieren, etwa nach anderen Rhomboedern, auch nach anderen Kristallformen oder Zwillingsebenen.
Schließlich muß man noch bedenken, daß zur Zwillingsbildung auch noch Parallelverwachsungen vorkommen können; Miers hat solche Fälle beschrieben. Dabei entstehen natürlich ganz bizarre Skulpturen. Jeder Sammler kann also sicher sein, ein großes Betätigungsfeld vorzufinden, wenn er einmal an den Calcit-Zwillingen Feuer gefangen hat!

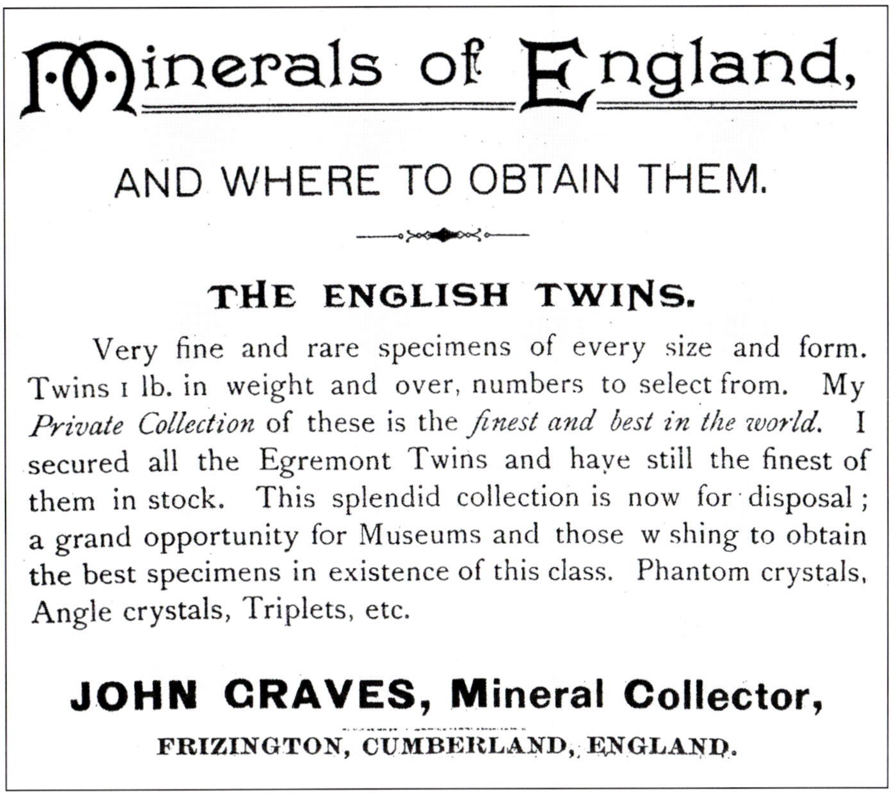

Werbeblatt von John Graves *(Ausschnitt), um 1895. Schnell baute er eine beachtliche Sammlung auf und bot sie an. Leider schliefen die europäischen Museen, ein großer Teil der Sammlung ging in die USA.*

John Graves: Meister der Zwillinge

Für zahllose wundervolle Calcit-Stufen mit Zwillingsbildungen sind wir vor allem einem Mann zu großem Dank verpflichtet: Es ist John Graves (1842 - 1928), ein Bergmann aus der Eisengrube von Frizington mitten im Herzen von Cumberlands großem Erzrevier. In den 1870ern begann er sich für Mineralien zu interessieren. Und bald, in den 1880ern, fing er an, mit Mineralien aus seiner Grube zu handeln.
Es dauerte nicht lange, da war er der renommierteste Mineralienhändler im Westen von Cumberland, und zahlreiche wundervolle Stufen gingen durch seine Hände. Unter anderem war er auch der Hauptlieferant von Cumberland-Stufen für den amerikanischen Mineralienhändler George Letchworth English (1864 - 1944) aus Rochester, New York, sowie von Alfred E. Foote aus Philadelphia, dem damaligen Zentrum des Mineraliensammelns in den USA.
Graves persönliche Sammlung von Cumberlander Calcit-Zwillingen war die größte, die es je gab. Doch trotz der hohen Qualität der Sammlung, und obwohl er oft versuchte, einheimische Käufer dafür zu interessieren, ist ganz offensichtlich ein großer Teil der Sammlung um 1921 in die USA gegangen, und zwar zu George English; er kaufte die Calcite für die Sammlung von „Ward's Natural Science Establishment“ in Rochester.
John Graves verstarb 1928 – eine Zeit, in der die Eisenproduktion Cumberlands sank. Das verminderte natürlich leider auch die Calcit-Funde. Seitdem konnten in dem alten und großen Eisenrevier überhaupt nur noch wenige nennenswerte Funde gemacht werden.
Doch die West-Cumberlander Calcite blieben mit die begehrtesten und auch am schwersten zu bekommenden Mineralstufen der Welt. Sie zählen für immer zu den ganz, ganz großen Klassikern des Mineraliensammelns.

Die Spaltbarkeit und

Lydie Touret ging einer alten, berühmten Geschichte nach: der Story vom zerbrochenen Calcitkristall des René Just Haüy (1743 - 1828)

Lydie Touret ist Wissenschaftlerin an der Ecole des Mines de Paris, also an jenem Institut, an dem auch Haüy vor rund 200 Jahren arbeitete

Was uns heute trivial erscheint, hat eine lange Entwicklung hinter sich. Jeder Sammler hat schon mal einen Spaltrhomboeder von Calcit in der Hand gehalten und die auffällig glatten Spaltflächen mit ihren präzisen Kanten betrachtet. Und in jedem Lehrbuch ist die Spaltbarkeit von Mineralien erläutert, jedoch fast beiläufig. Es ist kein modernes Thema. Man weiß auch, daß man sie als leicht bestimmbares Merkmal gut zur Bestimmung von Mineralien gebrauchen kann. Doch eigentlich hat man das Gefühl, daß die Spaltbarkeit schon seit Urzeiten zum Wissensstand jedes Mineralogen und Sammlers gehört.

Weit gefehlt! Es ist gerade mal 200 Jahre her, daß man sich dieser physikalischen Eigenart von Kristallen richtig bewußt wurde. Und es sollten nochmal 100 Jahre vergehen, bis man sie wirklich verstand.

Man stritt sogar regelrecht über die Spaltbarkeit und ihre Deutung, und zwar gut 100 Jahre lang. In ihr scheint ein wesentlicher Schlüssel zum Verständnis des Aufbaus von Kristallen zu liegen. Das Problem: Warum spaltet der eine Kristall so präzise, ein anderer nicht?

Kommen Sie mit zum Ende des 18. Jahrhunderts! Es gibt noch keine moderne Chemie und Physik, keine Atome, wie sie Nils Bohr beschrieb, keine Kristallstruktur, kein Periodensystem, und es gibt noch vieles andere nicht, was heute jeder in der Schule lernt. Und nun versuchen Sie mal, zu erklären, warum ein Calcit in ebenen Flächen spaltet. Nicht genug damit: Er spaltet sogar auch noch unter stets gleichen Winkeln. Und mehr noch: Die Spaltflächen sind zueinander immer parallel! Also, nur Mut, versuchen Sie das einfach mal mit damaligen Mitteln zu erklären.

Wenn Sie es nicht geschafft haben, laden wir Sie ein, hier weiterzulesen. Dann erfahren Sie, wie es um diese Sache zu Ende des 18. Jahrhunderts steht. Wir laden Sie ein, mit nach Paris zu kommen. Dort treffen wir einen Mineralogen, der ein gutes Stück Mineralogiegeschichte geschrieben hat: den Abbé René Just Haüy. Er ist gerade Professor an der Bergakademie in Paris. Die Zeit: Wir befinden uns um das Jahr 1780.

Einleitung von der extraLapis-Redaktion

Das volkstümliche Bewußtsein hält gerne geniale Momente fest, um großartige Entdeckungen zu erklären: Archimedes ruft in seinem Badezimmer „Heureka", oder Newton sitzt unter einem Apfelbaum in Cambridge, und es fällt ihm ein reifer Apfel auf den Kopf, auf daß er die Gravitation entdecke – und so weiter.
So haben auch seit 200 Jahren alle mineralogischen Standardwerke die Anekdote der Calcit-Stufe kolportiert, die ungeschickterweise den Händen des berühmten Abbé Haüy entschlüpfte, um in viele Stücke zu zerbrechen, die alle einem Rhomboeder glichen. Blitzartig schoß es dem Genius durch den Kopf – er erkannte Wesen und Bedeutung der Spaltbarkeit! Der katholische Priester René Just Haüy war damals gerade Professor an der „Agence des Mines de Paris"; erst Jahre später erhielt er den begehrten Posten des Professors am Museum. Haüy hob die Bruchstücke auf, betrachtete sie und versuchte, sie weiter zu spalten: Sie alle zeigten dieselben Winkel und parallele Flächen, so winzig sie auch sein mochten. Im Geiste spaltete er weiter und weiter und erhielt schließlich das *„molécule intégrante"*, eine kleinste Einheit, einen Baustein, der es erlaubte, die unterschiedlichsten Kristallformen aufzubauen, wenn man ihn in alle Raumrichtungen aufeinander stapelte.
Die moderne Kristallographie war geboren, die Wissenschaft vom Aufbau und von der Symmetrie der Kristalle: eine eigenständige und grundlegende Disziplin der Mineralogie!

Haüy definierte „Mineral"

Wie so oft: Die Wahrheit ist weniger einfach. Denn jeder Entdeckung geht ein langsamer Reifeprozeß voraus. Manchmal verläuft er unbewußt, und das kollektive Gedächtnis, das die vereinfachende Personalisierung liebt, leistet nicht immer, was es verspricht.
Ohne Zweifel: Die Verdienste von Haüy sind groß. So verdanken wir ihm auch die erste schlüssige Definition von dem, was eine Mineralart ist, aber auch die Entdeckung und Beschreibung vieler Minerale und Gesteine, so z.B. Pyroxen, Dioptas, Disthen, Orthoklas, Eklogit und Pegmatit.
Nach Haüy ist ein Mineral ein natürlicher Festkörper von homogener chemischer Zusammensetzung mit einer regelmäßigen Struktur, die durch geometrische Transformation Kristalle bilden

die Geburt der modernen Mineralogie

kann, welche durch ebene Flächen begrenzt sind. Gewiß hat sich diese Definition im Laufe der Zeit verfeinert. Aber Haüys Konzept hatte zur Folge, daß praktisch alle Mineralogen – auch russische, die gewöhnlich für alles auch eigene Entdecker haben – in dem Abbé den Vater der modernen Mineralogie sahen. Haüys „Traité de Minéralogie" von 1801 wurde denn auch zum damaligen Standardwerk; D. L. G. Karsten und C. S. Weiß übersetzten es 1804 ins Deutsche.
Haüys Begriff des *molécule intégrante* war zudem ein wichtiger Schritt bei der Lösung der Frage nach dem Aufbau der Materie. Trotzdem: Das Bild des bescheidenen, selbstlosen Gelehrten, das die Hagiographen der Epoche entwarfen und das Haüy auch selbst in den eigenen Werken darstellt, entspricht nicht der ganzen Wahrheit.
Gut, wir wollen hier nicht die herben Kontroversen auswalzen, die er zu Ende seines Lebens mit den Vertretern des Isomorphismus – das Problem unterschiedlicher Zusammensetzung bei gleicher Kristallgestalt – auszufechten hatte, allen voran mit dem deutschen Chemiker und Kristallographen Eilhard Mitscherlich (1794 - 1863).

Der Moment des Genies

An irgendeinem Tag um das Jahr 1780, das genaue Datum ist unbekannt, geschah es: Haüy fällt ein Calcit zu Boden und bricht in Stücke. In immer gleiche Stücke! Und da erkannte er des Rätsels Lösung…

Szene aus einem Dokumerntarfilm von Lydie Touret über Haüy

Doch hat, bis auf wenige Ausnahmen, niemand an Haüys *molécule intégrante* gezweifelt. Wir zeigen hier die einzelnen Etappen auf, welche die Geburt der Kristallographie Anfang des 19. Jahrhunderts ermöglichten.

Die Story vom zerbrochenen Calcit

Es gibt mehrere Versionen dieser Anekdote. Einige erzählen ganz direkt vom Herunterfallen des Kristalls; in anderen ist nicht die Rede von einer Ungeschicklichkeit, sondern von einem veritablen wissenschaftlichen Vorgang, von einer Beobachtung, die dazu diente, die Vorstellung vom Aufbau der Kristalle weiter zu entwickeln. Dies war so etwas „wie der Schlüssel zur Theorie", sagte Haüy. Doch lassen wir ihn selbst über seine Beobachtung zu Wort kommen:
„Sie drängte sich mir bei der Gelegenheit auf, da mir der Bürger Defrance einen Krystall in dem Augenblicke zu geben die Gefälligkeit gehabt hatte, wo er von einer Druse, die dieser einsichtsvolle Liebhaber mir aus seinem Mineralienkabinet zeigte, eben losgebrochen war. Das Prisma hatte einen einzigen Sprung an der Stelle einer Endkante der Basis, mit welcher es aufgewachsen gewesen war. Statt den Krystall in meine Sammlung, die damals im Entstehen war, zu legen, versuchte ich, ihn nach anderen Richtungen zu theilen; und nach einigen Versuchen, die auf's Ungewisse unternommen wurden, gelang es mir, seinen rhomboedrischen Kern (original: „*noyau rhomboïdal*"; Red.) herauszuziehen. Ich fühlte sogleich die dadurch erfolgte Ueberraschung mit der Hoffnung verknüpft, daß es bei diesem ersten Schritt nicht sein Bewenden behalten sollte." Soweit Haüy, 1801, in der Übersetzung von Karsten und Weiß, 1804.

Der lange Weg zur Spaltbarkeit

Tatsächlich fand diese Beobachtung rund 20 Jahre früher statt. Haüy stellte 1781 der Akademie seine ersten beiden Arbeiten vor: eine über den Granat (am 21. Februar), die andere über den Calcit (am 22. Dezember); dabei berichtete er über den Zusammenhang zwischen Spaltbarkeit und Kristallstruktur. Sein Bericht fand in der Akademie rege Anteilnahme und lenkte die Aufmerksamkeit auf den jungen Wissenschaftler, der Haüy damals am Collège Cardinal Lemoine war.
1782 wurden die beiden Arbeiten veröffentlicht, und zwar in der Mai/Juni-Ausgabe unter „Observation sur la Physique" im Journal de Rozier. In beiden Veröffentlichungen ging es um die Grundlagen der Spaltbarkeit. Ein wichtiger Ausschnitt: „Ich habe versucht, die (Struktur der Kristalle) durch Spaltungen (wörtlich: „*sections*") mit einem schneidenden Werkzeug zu untersuchen. Sie sind ein sehr sicherer Hinweise auf die Struktur ..., da man sie nur in bestimmte Richtungen ausführen kann; die Stücke, die man abspaltet, sehen von Natur wie geschliffen aus. Alle Spaltungen in andere Richtungen ergeben lediglich Bruchflächen von unregelmäßiger Form."
Die Wahl des Calcits für diese Versuche ist evident. Aber man staunt doch über das Thema der ersten Arbeit: Granat bietet keiner Richtung eine Spaltbarkeit, und es ist schlicht unmöglich, „mit einem schneidenden Werkzeug" Stücke abzuspalten. Haüy äußerte sich dazu auf wenig überzeugende Art; er legte dar, daß spaltbare Minerale oft Brüche und parallele Streifen aufweisen. Wenn Minerale aber zu hart sind, um „in glatte Schnitte" gespalten zu werden, aber trotzdem äußere Streifen zeigen, schloß Haüy analog, daß diese Steifen, Brüche und oberflächliche Kennzeichen eben den Beleg für die Spaltbarkeit darstellten.
Um Kristalle für seine Forschungen zu zerlegen, warf er sie auch in kochendes Wasser, und um seine Beobachtungen zu verfeinern, betrachtete er sie durch ein Loch in einem Karton.

Der „Cristalloclaste"

Wie auch immer, diese Erklärungen wurden von Haüy im Nachhinein geschrieben, und zwar um dem französischen Kristallographen und Zeitgenossen **Jean Baptiste Romé de l'Isle** (1736 - 1790) zu entgegnen. Der nämlich, flankiert durch die Mathematiker De La Place und Bezout, nannte Haüy kurzerhand den „*Cristalloclaste*", den Kristallzertrümmerer!
Einen Stein herunterfallen zu lassen war damals mehr als nur ein Ungeschick. Das zeigt ein Zitat über den Freiberger Mineralogen Abraham Gottlob Werner (1749 - 1817). Der Wissenschaftshistoriker Abbé J. Loridan erzählt 1897 über ihn: „Man berichtet da von einem anderen berühmten Mineralogen, Werner, der es im Unterschied zu manch anderen Punkten nicht leiden konnte, daß man ungeschickt mit Mineralien umginge, und auch nur der geringste Angriff auf ihre Frische und ihren Glanz verletzte ihn zutiefst. Einmal sagte er über einen Fachkollegen: Er sei zwar ein großer Minister und ein begabter General, lobte er in seiner natürlichen Güte, aber, fügte er mit

einem Seufzer hinzu, er wisse ja nicht einmal, wie man Mineralien anfaßt."
Eine schwerwiegendere Anklage aber brachte vor allem Romé de l'Isle in seiner „Kristallographie"-Ausgabe von 1783 vor. Darin sagte er, Haüy habe seine Thesen von dem schwedischen Mineralogen **Torbern Olaf Bergman** (1735 - 1784) abgeschrieben. Der nämlich sagte bereits, daß „alle Kalkkristalle einen rhomboedrischen Kern haben, gänzlich gleich dem isländischen Spat".
Dies mußte Haüy zutiefst treffen, da er auf diese Beobachtung ja seine ganze Theorie gegründet hatte. Wir werden sehen, daß seine Antwort ambivalent ist. Man findet bei Bergman jedenfalls schon die beiden wesentlichen Elemente:

Spaltbarkeit und Calcit

Von der Antike bis ins 17. Jahrhundert hatte sich die Kenntnis über Mineralien und Kristalle nur langsam entwickelt. Aber seit dem Mittelalter gab es einen Ansporn: Die Fortschritte beim Abbau von Erzvorkommen sowie die Herstellung der Bausteine für den Bau von Burgen und Kathedralen führten zu wichtigen Beobachtungen.
Eine Rolle spielte dabei vor allem die bevorzugte Spaltung von Gesteinen nach ganz bestimmten Richtungen. Für die harte Arbeit in Bergwerken, Steinbrüchen und allerlei Werkstätten war es von großem Vorteil, die „Spaltbarkeit" der Gesteine genau zu kennen.
Beim Spalten fielen besonders die verschiedenen Schiefer auf; sie waren das ideale Material für die Dächer von Schlössern und Kirchen. Die Bildtafeln der Enzyklopädie von **Diderot und D'Alembert** aus dem Jahre 1765 vermitteln eine Vorstellung davon. Nicht weniger als zwölf unterschiedliche Richtungen wurden an manchen Gesteinen

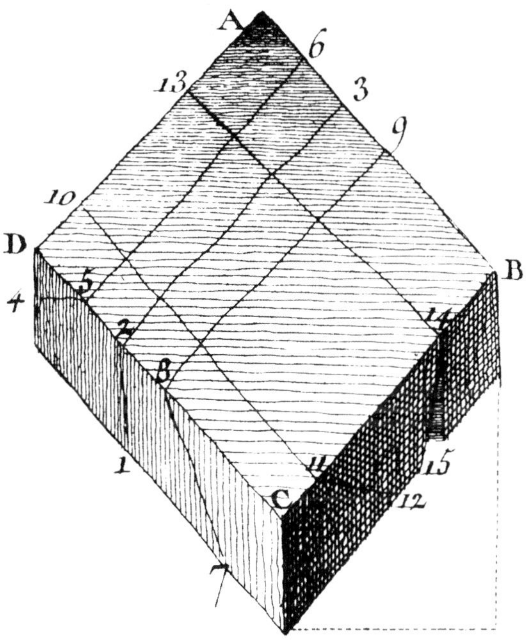

Die ersten Beobachtungen von Spaltbarkeit
aus der Abteilung „Mineralogie" der Enzyklopädie von d'Alembert und Diderot, 1765:
oben *in einer Schieferschicht in einem Steinbruch bei Rimogne, Ardennen,*
unten *in einem Schieferblock; die einzelnen Richtungen wurden nach Ost, West, Süd und Nord und in unterschiedlichen Qualitäten beschrieben*

beobachtet und in genaue Begriffe gefaßt. Einige waren noch zu Beginn dieses Jahrhunderts bekannt, sind aber inzwischen verschwunden. Interessanterweise laufen diese Beschreibungen in der Enzyklopädie unter „Mineralogie".
Es ist klar, daß solche Beobachtungen immer feiner werden, und daß immer kleinere Einheiten ins Blickfeld rücken –, daß also letztlich das Studium der Kristalle dabei herauskommt, freilich noch ohne das Wissen um einen homogenen Aufbau, also ein Mineral im modernen Sinn.
Zu Beginn des 16. Jahrhundets sieht man, wie das Wissen über Kristalle langsam aufblüht. Die Beobachtungen werden immer präziser, die Beobachtungsmittel, in erster Linie das Mikroskop, stetig entwickelt. **Antoni van Leeuwenhoek** aus Delft (1632 - 1723) entdeckte beim Blick durch

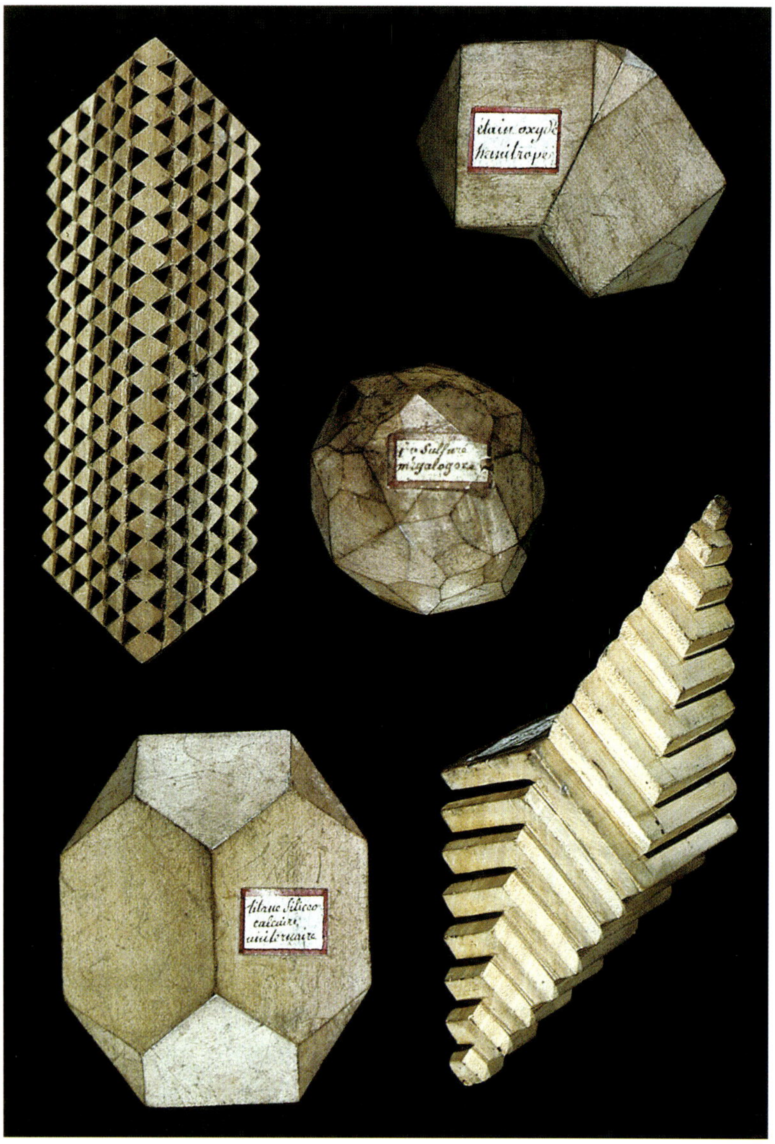

Originalmodelle von Haüy

Sie dienten zum Studium der Kristallmorphologie; das Modell rechts unten zeigt, wie ein Calcit-Skalenoeder aus lauter kleinen Rhomboedern aufgebaut ist (nach Haüys Dekreszenz-Theorie). Foto Peter Stemvers

eines der ersten Mikroskope nicht nur die roten Blutkörperchen, er interessierte sich ganz besonders auch für Kristalle. In diese Zeit fallen also auch die ersten morphologischen Beobachtungen am Kristallen; man unterschied die Würfel des Salzes, die sechsseitigen Prismen des Salpeters und die Oktaeder des Alaun.

Bald wird auch die Spaltbarkeit des Calcits eine Rolle spielen, schon weil diese physikalische Eigenart so leicht zu beobachten ist. Sie bietet sich auch für einfache Experiment an, Calcit läßt sich mit einem Messer leicht in Stücke spalten, und bricht er entzwei, zeigt er im Gegensatz zum Quarz eine perfekte Spaltbarkeit.

Im 17. Jahrhundert wurde nicht nur das Mikroskop entwickelt. **Christiaan Huygens** (1629 - 1695), ein niederländischer Universalgelehrter und persönlicher Freund von Leeuwenhoek, formulierte die grundlegende Gesetzen der Optik; nachdem er die Lichtbrechung und ihre Gesetze fand, befaßte er sich auch mit der Doppelbrechung des Calcits. Das Material der Wahl war natürlich der „Islandspat", herrliche Kristalle, vollkommen klar. Die Doppelbrechung wurde erstmals von dem Dänen **Erasmus Bartholinus** (1625 - 1698) beobachtet; seine Deutung bildet ein wesentliches Element in dem „Traité de la lumière", 1669 durch Huygens in Leyden veröffentlicht.

Die ersten Winkel

Gleichzeit ziehen die Kristallformen und ihre Beziehung zur Spaltbarkeit die Aufmerksamkeit der Gelehrten auf sich. So berichtet Bartolinus 1699 über den Islandspat, damals gab es ihn noch in Menge, daß die durch Spaltung erhaltenen Bruchstücke in ihrer Form immer identisch mit dem ganzen Kristall seien!

Nicolaus Steno (1638 - 1686), auch Däne, erkannte dann schließlich die Bedeutung der Winkel zwischen den Kristallflächen. Er gibt für das Rhomboeder folgende Winkel an: 101° und 79° (zwischen benachbarten Kanten der gleichen Fläche) und 103° 40' (zwischen Flächen untereinander). Diese Maße wurden von Huygens überprüft; er erhielt als Winkel: 101° 52' und 78° 8' sowie 105°. Huygens machte vor allem die fundamentale Beobachtung, daß die Spaltbarkeit immer parallel zu den Flächen des Rhomboeders verläuft!

Diese geometrische Analyse der Kristall- und der Spaltformen zeigt zwar eine moderne Richtung an. Doch erscheint die Interpretation der Werte für uns heute verwunderlich. Nun, da man noch nicht die geringste Ahnung von einer chemischen Zusammensetzung der Minerale hatte, versuchte man die einzelnen Spezies nach ihren physikalischen Eigenschaften (Dichte, Härte etc.) einzuteilen, so natürlich auch nach der mehr oder weniger ausgeprägten Spaltbarkeit.

Calcit: der „Island-Talk"

Das am leichtesten spaltbare Mineral wurde zu dieser Zeit „Talkum" genannt: Gips, der ja eine äußerst perfekte Spaltbarkeit zeigt. So entstand eine Kontroverse darum, ob nun der Calcit eher in die Nähe von Gips zu stellen sei oder in die Nähe anderer Minerale, etwa Quarz. Letzteren wählte Bartholinus, doch Huygens widersprach ihm: „Man muß annehmen, daß er eine Art von Talk ist und nicht von Kristall."

Vor allem widersprach ihm der Franzose Philippe **De la Hire** (1640 - 1718), der gerade eine neue mineralogische Klassifikation nach der Spaltbarkeit aufgebaut hatte. Eingedenk der Doppelbrechung, die er im Quarz nicht fand, und wegen der perfekten Spaltbarkeit des Calcits schlug er vor, alle leicht spaltbaren Arten unter „Talk" zu gruppieren. Über Calcit sagte er: „Nicht ohne Grund kann man ihn eher als Talk denn als Quarz bezeichnen, da eine seiner vorzüglichen Eigenschaften ist, leicht zu spalten." Er nannte ihn deshalb „Island-Talk" und nicht „Island-Kristall" (Quarz). Diese Definition weitete er auf Gips aus, für ihn ein bevorzugtes Forschungsmaterial, das man gerade oft in den Steinbrüchen für das Baumaterial für Paris fand; De La Hire lebte dort.
Die Spaltbarkeit des Gipses aus den Steinbrüchen von Passy ergaben interpretierte man so: „Die Masse dieser Talkstücke wird nur gebildet aus parallelen Lamellen, die nicht sehr stark zusammenhängen." Die Beobachtungen am Gips, der ja die Spaltbarkeit nur in eine einzige Richtung zeigt, wurden verallgemeinert, und dies führte in eine Sackgasse – ein Rückschlag im Vergleich zu dem Weg von Bartholinus und Huygens.
Erst die genauen Winkelmaße erlaubten es später, die Symmetrie-Elemente und die fundamentalen Prinzipien von Kristallstrukturen zu klären. Doch die Fortschritte sind markiert. Die Spaltbarkeit alleine reichte nicht aus: Damit konnte man weder die Struktur von Gesteinen und deren Schieferung noch den Aufbau von Kristallen verstehen.

Mehrere Richtungen

Man sah also, daß die Spaltbarkeit bei manchen Mineralen deutlich, bei anderen weniger deutlich ausgeprägt war, aber sie schien in der Struktur generell vorhanden. Das wußte man bereits vor Haüy. Dessen fundamentale Entdeckung besteht nun darin, daß es nicht nur eine, sondern mehrere Richtungen von Spaltbarbeit geben kann: jeweils parallell zu seinem *molécule intégrante*.
Haüy überwindet diese Schwierigkeiten: „Wenn sich die Kristalle für klare Schnitte als zu hart erweisen, habe ich die Struktur nach analogen Gesichtspunkten erforscht, indem ich die Risse und Lineamente nutzte, die man oft auf den verschiedenen Flächen beobachtet, und welche die Position der Flächen anzeigt, aus denen die Kristalle zusammengesetzt sind." So versuchte er, Richtungen einer Spaltbarkeit im Granat zu definieren, der nach heutiger Definition ja keine Spaltbarkeit hat; ihre Flächen zeigen aber oft „Rillen" (Vicinalflächen und ähnliches).
Man muß dennoch fragen, ob Haüys Entdeckung so zufällig war wie der zerbrochene Calcit. Das hat er selbst zwar immer behauptet, und spätere Mineralogen haben das so übernommen. Es gibt dennoch viele Anzeichen für den Einfluß seiner Vorgänger – zumindest unbewußt, denn die Idee lag in der Luft. Schlimmer noch, sie wurde bereits von anderen formuliert. Das ergibt die Frage, ob Haüy diese Arbeiten kannte oder nicht.

Rene Just Haüy
1743 - 1822

Stets mit einem Calcit-Spaltrhomboeder und mit Winkelmesser ließ sich der bedeutende Abbé Haüy portraitieren.

Ölbild von André Nicolas Van Gorp

Die Wegbereiter Haüys: Romé ...

Haüys Arbeit wäre ohne die Winkelmessungen von Steno, aber auch von Romé und seinen Mitarbeitern kaum möglich gewesen. Romé benutzte ein Anlegegoniometer, das sein Schüler **Arnould Carangeot** (1742 - 1806) entwickelte. Auf fast allen Portraits läßt sich Haüy mit einem solchen Winkelmeßgerät darstellen, das auf einem Spaltrhomboeder aufliegt.
Haüy bleibt übrigens sein Leben lang diesem Instrument treu, und bis zuletzt weigert er sich, die wesentlich präziseren Meßergebnisse des neuen Reflex-Goniometers von **William Hyde Wollaston** (1766 - 1828) anzuerkennen, die das für Haüy unangreifbare Prinzip der Winkelkonstanz eines

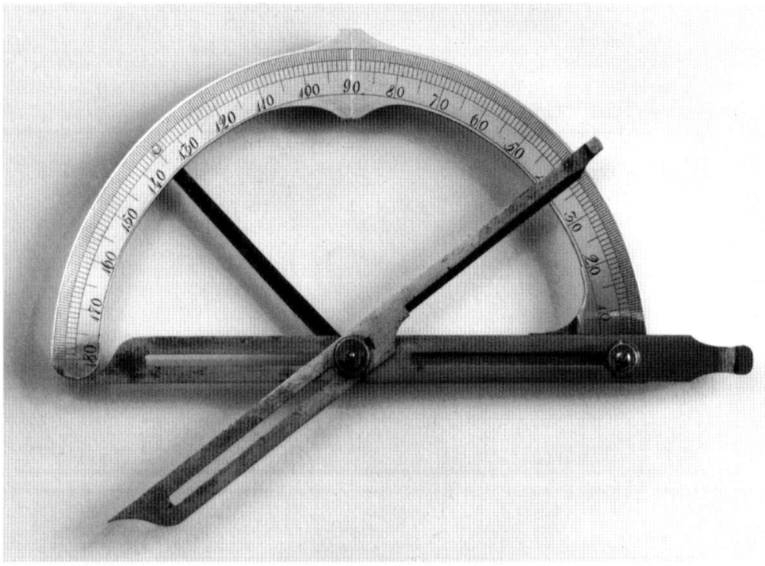

Anlegegoniometer nach Carangeot

mit Scharnier an der 90°-Marke, das ein Wegklappen der linken Hälfte gestattet; 15 cm Ø, signiert W. Eklnig, Wien, ca. 1830; Archiv Ulrich Burchard, Mineral Exquisit, Freising

René Just Haüy wird auf fast allen Portraits mit einem solchen Goniometer dargestellt

molécule intégrante einer bestimmten Mineralart in Frage stellten.
Über zahlreiche Messungen an Quarzkristallen hatte Carangeot ja rein empirisch das „Gesetz der Winkelkonstanz" gefunden, das besagt, daß die Flächen eines natürlichen Kristalls unterschiedliche Maße haben können, die Winkel aber stets gleich bleiben. Dieses Gesetz – in der älteren französischen Fachliteratur hieß es sogar „loi de Romé de l'Isle" – wurde übrigens schon über 100 Jahre vorher durch Steno formuliert, und Romé und Carangeot wollten es auch jeder als erster gefunden haben. Sicher ist aber, daß Carangeot, als er seine Beobachtungen machte, von Stenos Arbeiten nichts wußte.
Das Gesetz ist auch ein wesentlicher Bestandteil von Haüys Theoriegebäude. Der aber hütete sich, in seinen Werken anzuerkennen, was er Romé und Carangeot eigentlich verdankte. Natürlich war die Beziehung Haüy und Romé von Anfang an konfliktgeladen, und Romé scheint auch eher der Aggressor gewesen zu sein.
Haüy hat übrigens auch Kristallmodelle aus Holz solchen aus Porzellan vorgezogen – wie Romé, und vielleicht liegt wenigstens darin eine indirekte Anerkennung der Vorgängerschaft Romés. Der nämlich hatte schon vor Haüy Holzmodelle hergestellt und an die Subskribenden seines „Traité de Cristallographie" verteilt. Allerdings nannte Haüy niemals den Namen Romé, und er erkannte nicht an, was er von ihm lernte.

... und die schwedische Schule

Die Schmähung Romés, Haüy sei ein „Kristallzertrümmerer", war nicht der einzige Angriff. Er bezweifelte öffentlich die Originalität von Haüys Arbeit: „Ich weiß sehr wohl, daß in Nachahmung des berühmten Torbern Bergman sich einige Wissenschaftler unter uns heute damit beschäftigen, durch Figuren und geometrische Berechnungen den Mechanismus der besonderen Bauweise einiger Kristalle aufzuzeigen, die sich leicht mit Hilfe eines schneidenen Instruments zerteilen lassen." (Romé, 1783). Er versichert, „daß nach diesem Chemiker (also Bergman) nun Monsieur Abbé Haüy glaubt, behaupten zu können, daß die Kalkkristalle eine rhomboedrischen Kern haben, der dem Islandkristall gleicht, und daß es möglich ist, ihn bloßzulegen, wenn man die überflüssige Materie lagenweise wegnimmt."
Die schwerwiegende Anklage des Plagiats! Sie zieht ziemlich verlegene Antworten seitens Haüy nach sich. Und schaut man die Aussagen Bergmans genauer an, findet man in der Tat eine Reihe verwirrender Ähnlichkeiten. Ohne den genauen Terminus „*molécule intégrante*" zu verwenden läßt Bergman die unterschiedlichen Formen des Calcits aus einem „rhomboedrischen Kern" entstehen: Er betrachtete ihn als „Urform", und die dazu veröffentlichten Zeichnungen sind eindeutig. Er dehnte seine Theorie auch – immer mit demselben rhomboedrischen Kern – auf Granat aus, auf Korund, Pyrit, Turmalin und Staurolith. Er machte dabei auch Fehler; so verwechselte er Einkristalle mit Zwillingen, was dann später von Haüy korrigiert wurde.

Nun erklärte Bergman – und hier wird die Koinzidenz besonders auffallend – daß er seine Ideen der zufälligen Entdeckung seines Schülers Johann Gottlieb Gahn verdanke, der zufällig einen Calcit-Kristall zerbrach: einen „Schweinszahn" (Skalenoeder). Und daraus erhielt er kleine rhomboedrische Bruchstücke!
Man bedenke: der rhomboedrische Kern, der Episode des zerbrochenen Kristalls, Calcit und Granat als erste erforschte Minerale – da fragt man sich zurecht, ob Romé für seinen Vorwurf nicht ernstzunehmende Gründe hatte ...
Haüy hat sich später selbst dazu geäußert, doch auf eine Art, die keineswegs die Zweifel beseitigt. In dem Bericht an die Akademie von 1782 über den Calcit erwähnt er zwar den Namen Bergman, jedoch nur, um sich zu distanzieren: „Die Struktur eines Kristalls aus zwölf fünfeckigen Flächen, so wie ich ausführte, ist sehr veschieden von dem, was Bergman in seiner Abhandlung von 1779, die sich an der Universität Uppsala befindet, angenommen hatte."

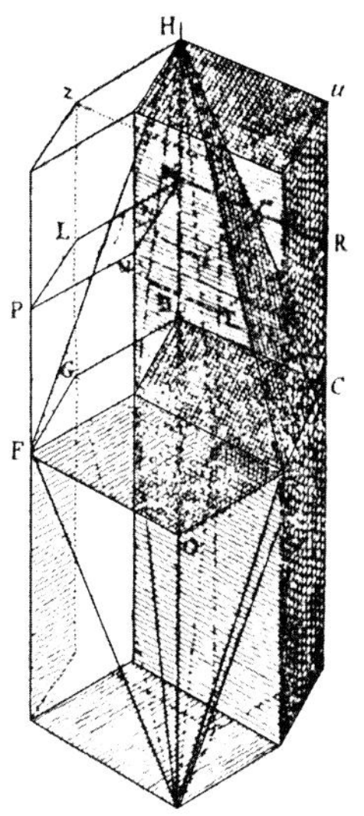

Nun, Bergmans Abhandlung datiert nicht 1779, was sie fast zeitgleich mit Haüys Arbeit von 1781 gemacht hätte: Sie wurde 1773 verfaßt, ist also sechs Jahre älter: Zeit genug, um dem kleinen Kreis der Mineralogen dieser Zeit bekannt zu werden, die ohnehin aufmerksam beachteten, was aus der schwedischen Schule kam.
Auf Romés Plagiatsvorwurf antwortet Haüy sehr knapp in einem Essay von 1784: „Zu der Zeit, da ich mit dem Studium der Kristalle begann, hatte ich die Gelegenheit, eine Arbeit von Bergman über die Kristallisation zu lesen, die sich seit 1779 in Uppsala befindet." Wieder derselbe Datumsirrtum, vor allem aber keine Analyse von Bergmans Aussagen, gerade so, als wäre es Haüy peinlich, das Thema überhaupt anzuschneiden.
Noch verwirrender ist aber, daß Haüy 1801 – wohl beruhigt über das Verschwinden von Romé, der 1790 starb – nicht zögert, jeden möglichen Einfluß auf die Entstehung seiner Werke zu leugnen. „Die Akademie hatte bereits Kenntis von meinen ersten Aufsätzen, als sie die Abhandlung Bergmans erhielt; man unterrichtete mich über sie, da sie mich interessieren könnte, weil sie mit meiner Arbeit zu tun hat." (Haüy 1801).
Es ist wenig wahrscheinlich, daß die Akademie erst 1781 eine Arbeit erhielt, die schon 1773 erschienen ist, und man fragt sich umso mehr, ob der wiederholte Datumsirrtum zufällig ist. Später machte sich Haüy sogar die Mühe, die Rolle Bergmans herunterzuspielen: „Aber er (Bergman) begnügte sich mit dem ersten Überblick und befaßte sich weder damit, Strukturgesetze aufzustellen noch Berechnungen durchzuführen; er gab lediglich eine flüchtige Skizze aus der Sicht der Mineralogie," schrieb er 1801 in seinem Lehrbuch.

Nie anerkannt!
***Links** Bergmanns Konzept über den „rhomboedrischen Kern" von Calcit, verfaßt 1773, **rechts** die analogen Zeichnungen Haüys von 1781; die eingezeichneten Rhomboeder kennzeichnen die Lage des Hauptrhomboeders zum ganzen Kristall*

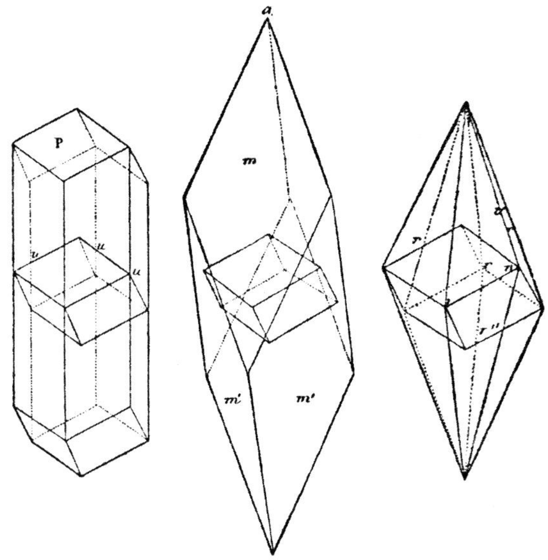

Die Geburt der neuen Mineralogie

Fast alle Autoren, die sich mit der Geschichte der Mineralogie befaßten – Marx 1825, Groth 1826, Mauguin und Orcel 1944 und viele andere – teilen die Ansicht, daß die Entdeckung des „rhomboedrischen Kerns" im Calcit die Geburt einer neuen Wissenschaft einleitete. Und Haüy wird einmütig als der große Mann dieser Periode gefeiert; sein Ruf hat also nichts zu befürchten.
Haüy hat auch wirklich viel geleistet: Er schrieb große Werke und zahlreiche Publikationen, pflegte Kontakt mit vielen Gelehrten und Gesellschaften, baute Sammlungen von Kristallmodellen auf, mit denen Studenten der ganzen Welt ihre Kristallographie übten – und vieles mehr.
Gut, Haüy wollte nie den offensichtlichen Einfluß seiner Vorgänger eingestehen; doch hat jeder große Geist auch seine Schwächen. Der Wissenschaftshistoriker R. Hooykaas, der die Anfänge der Kristallographie Hauys in den Originaldokumenten gründlich studierte (Rev. Hist. Sc., Vol. 8, 1955), zieht wohl die richtige Bilanz: „Es ist vielleicht ein größeres Verdienst, aus den Anfängen, Irrtümern und Teilwahrheiten, seien es die der anderen oder eigene, eine exakte Theorie aufzubauen, als sie aus dem Nichts zu erschaffen."

Leuchtende Calcite und Aragonite: Fluoreszenz und Phosphoreszenz

Werner Lieber aus Heidelberg erläutert ein physikalisches Phänomen, für das Calcit und Aragonit „leuchtende" Beispiele sind

Neuerdings sieht man nicht nur in Banken, sondern auch an den Kassen von Tankstellen kleine Geräte, mit denen man Geldscheine auf Echtheit prüfen kann. Dies geschieht mit ultravioletter Strahlung – abgekürzt: UV –, die auf den zu prüfenden Gegenstand trifft; dadurch wird er zum Leuchten in bestimmten Farben angeregt. Bei Geldscheinen sieht das recht lustig aus, wenn auf dem Papier plötzlich eine zuvor nicht erkennbare Zeichnung aufleuchtet, eine Nummer intensiv rot wird, und kleine, strichdünne, in das Papier eingearbeitete Fasern in verschiedenen Farben leuchten. Bei Tageslicht sieht man sie nicht.
UV-Strahlung besitzt eine größere Energie als das sichtbare Licht. Von diesem unterscheidet es sich durch eine kürzere Wellenlänge. Das menschliche Auge vermag diese Wellenlängen nicht zu sehen. Trotzdem spricht man wegen seines prinzipiell gleichartigen Charakters von „UV-Licht".
Bei weitem nicht alle Stoffe leuchten, wenn man sie mit UV bestrahlt, und oft sieht man dieses Leuchten auch nur im Dunkeln. Aber diejenigen, die man zum Leuchten anregen kann, tun es mit äußerst unterschiedlicher Farbe und Intensität. Warum das so ist und was sich überhaupt bei der Wechselwirkung zwischen UV und bestrahlten Stoffen abspielt, erkannte und erklärte der englische Mathematiker und Physiker Sir George Gabriel Stokes (1819 - 1903); der ehemalige Cambridge-Professor gilt als der Schöpfer der Lehre von der „Fluoreszenz".
Das Wort leitet sich vermutlich von „Fluorit" ab, der von manchen Fundorten als besonders „leuchtfreudig" bekannt ist, so von einigen englischen Vorkommen in Durham.
Bestrahlt man geeignete Substanzen mit UV-Licht, so senden sie ihrerseits sichtbares Licht aus. Man kann also sagen: **Fluoreszenz** ist das durch energiereiche Strahlung (hier: UV) angeregte Leuchten eines Stoffes; das Leuchten fängt sofort mit Beginn der Anregung an und erlischt unmittelbar mit dem Ende der Bestrahlung. Das ausgesandte Fluoreszenzlicht ist sichtbar und besitzt eine höhere Wellenlänge als das eingestrahlte unsichtbare UV-Licht. Diese Regel stellte G. G. Stokes 1852 auf.

Untertage in der wohl berühmtesten UV-Fundstelle mit über 60 fluoreszierenden Mineralien; auf dieser Aufnahme sieht man vor allem Calcit (leuchtend rot) und Willemit (gelbgrün)
Sterling Hill Mine, Franklin, New Jersey
Untertage-Aufnahme • Bildbreite etwa 4 m • Archiv Richard Hauck

Calcit im langwelligen UV-Licht

***Calcit-Kristall von Dal'negorsk**, Höhe 3 cm • Links normales Licht, rechts langwelliges UV-Licht*

***Calcit-Stufe vom Gotthard-Straßentunnel**, Breite 13 cm • Links normal, rechts UV*

***Calcit-Zwilling aus Spanien**, Höhe 8 cm • Links normal, rechts UV • Fotos Paul Rustemeyer*

Ohne spezielle Verunreinigungen

Phosphoreszenz wird grundsätzlich nach demselben Prinzip angeregt, nur zeigen manche Stoffe die Eigenschaft, die aufgenommene Energie der UV-Strahlung mehr oder weniger lange zu speichern. Die Verweilzeit kann sehr kurz sein, sie kann aber auch viele Stunden betragen, zum Beispiel bei Leuchtziffern von Uhren und bei speziellen Leuchtstoffen.
Mit dem Abschalten der Strahlungsquelle erlischt das Leuchten also nicht. Vielmehr nimmt die Leuchtkraft nur allmählich ab, zunächst rascher, dann immer langsamer. Unter Phosphoreszenz versteht man also das Nachleuchten einer Substanz nach beendeter Bestrahlung.

Zur Anregung

der Fluoreszenz verwendet man bevorzugt zwei Arten von Strahlenquellen: Lampen, die bevorzugt langwelliges UV der Wellenlänge 3658 Å (365,8 nm – sprich Nanometer) abstrahlen; ferner Geräte, die kurzwelliges UV der Wellenlänge 2537 Å (= 253,7 nm) liefern. Beide Strahlenarten können zahlreiche Mineralien zur Fluoreszenz anregen, wenn auch mit jeweils unterschiedlicher Farbe und Intensität.
Da das Leuchten mitunter schwach ist, prüft man in einem verdunkelten Raum oder in einer Prüfbox, setzt dabei stets eine UV-absorbierende Schutzbrille auf und wartet, bis sich die Augen an die Dunkelheit gewöhnt haben.
Calcit und Aragonit zählen zu den Mineralien, die sowohl Fluoreszenz als auch Phosphoreszenz zeigen können. Doch fluoreszieren nicht grundsätzlich alle Calcite und Aragonite. Ganz reine und klar durchsichtige Kristalle – die ästhetisch zwar ein großer Genuß sein mögen – fluoreszieren oft nicht, wohl aber viele der weißen und hellgrauen, sofern sie nicht durch zu viele Einschlüsse verunreinigt sind. Das milchige Aussehen von Kristallen wird – wie auch bei Quarz – durch zahllose winzige Gasbläschen verursacht, an denen das Licht gestreut wird und dadurch verstärkt erscheint.
Auch derber Calcit – wie in Kalkstein, Marmor, Kalksinter und Tropfsteinen – kann natürlich zum Leuchten angeregt werden, wenn einige Bedingungen dazu erfüllt werden. In zahllosen Versuchen fand man als Voraussetzung zum Fluoreszieren nämlich folgendes heraus:

Die Rolle der Verunreinigungen

Einschlüsse von feinst verteilten Eisenmineralien, wie Lepidokrokit, Goethit („Limonit") als auch atomar im Kristallgitter eingebautes Eisen stören (löschen) die Fluoreszenz. Das gilt nicht nur für Calcit und Aragonit, sondern auch für andere Mineralien.
Demgegenüber sind kleine Anteile anderer Gitterbausteine („Verunreinigungen"), insbesondere von Schwermetallen – genauer: von den Elementen der Nebengruppen des Periodensystems – die eigentliche Ursache der Fluoreszenz. Diese Atome sind es, die durch das UV angeregt werden. Bei Bestrahlung werden sie zunächst in einen Zustand höherer Energie versetzt, aus dem sie unter Abgabe der aufgenommenen Energie wieder in den Normalzustand zurückkehren. Durch eine optische Analyse des Fluoreszenzlichts kann man auf die verursachenden Atome, die sogenannten Aktivatoren, schließen.

Beispiele für Calcit

Ganz spektakulär erscheint die intensiv rote Fluoreszenz von Calcit aus der ehemaligen Zinkerz-Grube bei **Franklin in New Jersey**, USA (siehe Seite 34). Sie wird durch geringe Mangangehalte im Calcitgitter verursacht, die zwischen 0,2 und mehreren Prozenten liegen können. Besonders intensiv leuchten Calcite mit etwa 1,8 % Mangan (entspricht 3,6 % Mangancarbonat). Oberhalb dieses Wertes nimmt die Leuchtkraft ab und erlischt bei mehr als 6 % Mangancarbonat völlig.
Mangan wird wegen der dem Calcium sehr ähnlichen Größe seiner atomaren Gitterbausteine gern in das Calcit-Gitter eingebaut. Jedenfalls leuchten Calcite vieler Fundorte rötlich in unterschiedlichen Farb- und Intensitätsnuancen. Dabei ist zu beachten, daß auch Mischfarben – verursacht durch andere zugleich anwesende Aktivatoren – vorkommen. Calcite von **Andreasberg** leuchten unter langwelligem UV zart rötlich, ebenso viele Kristalle von **Elmwood in Tennessee**, USA.
Stark rotorange zeigen sich weiße Kristalle aus Amethystgeoden von **Iraí in Rio Grande do Sul** sowie einige klare Kristalle und weiße Zwillinge von **Dalnegorsk in Ost-Rußland**. Auch weiße oder zart graue Kristalle von **Chenzhou, Hunan,** China, leuchten ähnlich rot.

kein Leuchten im UV-Licht

Zwillinge aus dem Jura-Kalkstein nahe **Ulm** und ebenso die filigranen Aggregate aus derselben Höhle fluoreszieren mehr oder weniger kräftig weiß. Farblose Calcite aus dem **Fischbachtal** bei Idar-Oberstein leuchten kräftig rot. Die gelblichen Kristalle desselben Fundorts zeigen geringeres Leuchten (Eisen stört!), das mit zunehmender Farbtiefe ganz verschwindet. Calcite vom **Iberg** im Harz leuchten unter kurzwelligem UV grünlich bis grüngelb, unter langwelligem UV weiß bis weißgelb; außerdem phosphoreszieren diese Stücke kräftig.
Calcite auf einer Manganit-Stufe von **Ilfeld** im Ostharz leuchten unter kurzwelligem UV gelborange, unter langwelligem UV weißlich. Calcite von **Schneeberg, Marienberg und Johanngeorgenstadt** im Erzgebirge fluoreszieren im allgemeinen schwach rötlich.
Klare Calcite von **Tsumeb** leuchten unter langwelligem UV schwach rötlich, unter kurzwelligem dagegen deutlich stärker. Auffallend zitronengelb unter kurzwelligem UV fluoresziert Calcit von der berühmten Quecksilber-Lagerstätte **Terlingua** in Texas.

Beispiele für Aragonit

Auch Aragonit zeigt sich von vielen Fundorten als interessanter Fluoreszenz-Strahler. Die schönen Kristalle von **Horschenz bei Bilin** in Böhmen leuchten unter kurzwelligem UV intensiv grünlich, unter langwelligem UV intensiv weiß. Ganz wundervoll ist die Fluoreszenz der bekannten Aragonit-Drillinge von **Girgenti auf Sizilien**: Unter beiden Wellenlängen leuchten sie intensiv rosarot. Sobald man aber die Lichtquelle abschaltet, beginnt ein intensives grünes Nachleuchten. Diese prachtvolle Phosphoreszenz kann auch durch Blitzlicht hervorgerufen werden, da dieses ja bekanntlich viel UV-Strahlung enthält.
Das Foto der grün leuchtenden Stufe auf der Seite 39 oben wurde durch vielfaches Anblitzen bei geschlossenem Verschluß der Kamera und sofortiges Öffnen nach Blitzende hergestellt (Tageslichtfilm). Die Phosphoreszenz dauerte unter den gegebenen Bedingungen (abhängig von der Blitzintensität) etwa fünf Sekunden bei stetiger Abnahme der Leuchtstärke.
Ebenfalls schöne Fluoreszenz und Phosphoreszenz zeigen die meisten der bekannten Aragonit-Drillinge (Tarnowitzit) von **Tsumeb**. Unter kurzwelligem UV leuchten sie hellgelb bis grünlich, unter langwelligem UV stark gelb.

El Dorado für UV-Liebhaber: die Sterling Hill Mine bei Franklin, New Jersey, USA

Noch ein großes Feld

Die geschilderten Erscheinungen sind nur wenige Beispiele, die zum eigenen Ausprobieren anregen sollen. Auch gilt die Farbangabe nicht als unwiderrufliches Gesetz; vielmehr kann es unterschiedlich fluoreszierende Kristalle an jedem Fundort geben. Untersucht wurde sicherlich immer nur ein Bruchteil aller jemals gefundenen Stücke, und noch seltener wurden die genauen Ursachen für bestimmte Fluoreszenzfarben ermittelt.
Die Untersuchung von Mineralien mit UV-Licht ist für den Sammler eine attraktive Erscheinung und Erfahrung. Aber man kann damit nur in seltenen Fällen Fundortangaben wirklich zuverlässig nachprüfen oder – wie bei Edelsteinen – Echtheitsprüfungen durchführen.
Ein Sonderfall möge hier erwähnt werden: In der Erzaufbereitung von Franklin, New Jersey brachte man schon bald nach Bekanntwerden der spektakulären Fluoreszenzfarben der Erze über den Sortiertischen starke UV-Lampen an, denn unter kurzwelligem UV leuchtet das begehrte Zinksilikat Willemit ganz intensiv grün.

Calcit und Aragonit im UV-Licht

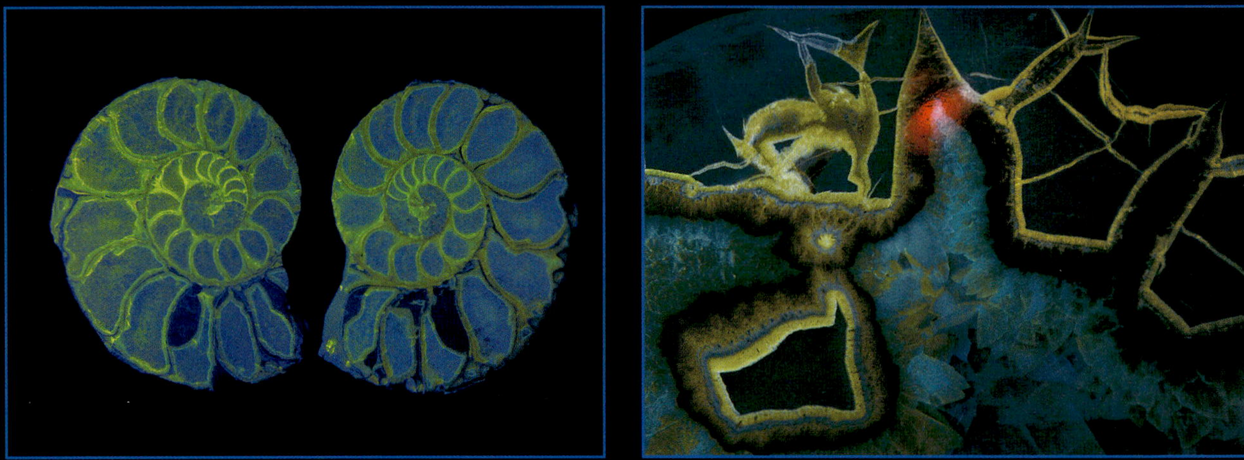

***Sedimentärer Calcit im UV-Licht** • Links Ammonit (4 cm), rechts Detail einer Septarie (7 cm)*
Sammlung Franziska v. Kracht

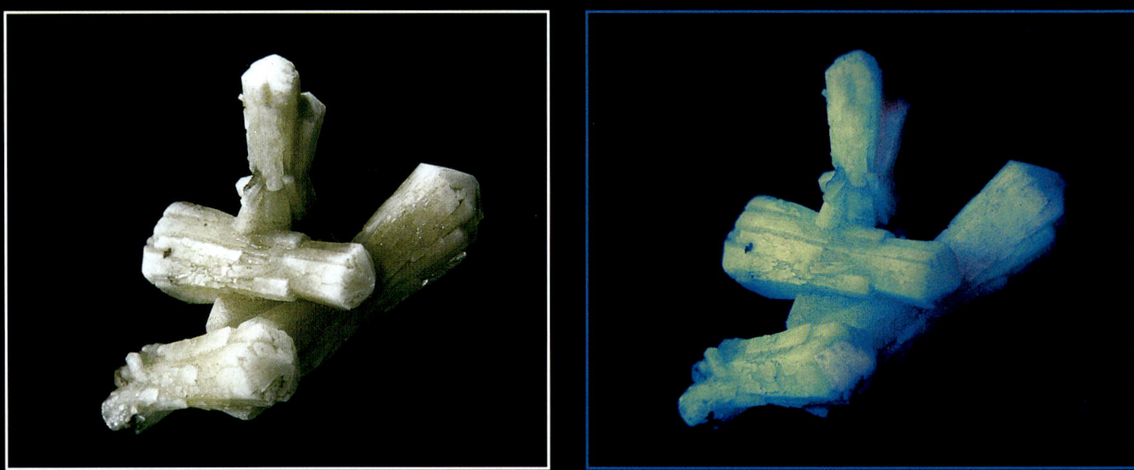

***Tarnowitzit (Aragonit) von Tarnowitz**, Bildbreite 5 cm • Links normal, rechts UV*
Sammlung Max Philipp Geipel/Mineralogische Staatssammlung München (siehe Seite 48)

***Tarnowitzit (Aragonit) von Tsumeb**, Breite der Stufe 6 cm • Links normal, rechts UV*
Mineralogische Staatssammlung München • Fotos Maximilian Glas

Phosphoreszenz bei Aragonit

Oben

Aragonit-Kristalle von Agrigento, Sizilien
Bildbreite 12 cm
Phosphoreszenz-Aufnahme
Werner Lieber

Wer solche Aufnahmen machen will, braucht viel Geduld; einen guten Tip findet man auf Seite 37

Links

Calcit und Aragonit von Finale Ligure, Savona, Italien
Breite der Stufe 7 cm

Oben im normalen Licht, unten das Eigenleuchten (Phosphoreszenz) nach Anregung mit UV-Licht, Fotos Paul Rustemeyer

Perfektion in Schwarz und Weiß
Die Interferenzbilder des Hans Hauswaldt

Ferdinand Damaschun vom Museum für Naturkunde der Humboldt-Universität zu Berlin über ein besonderes Kapitel Calcit-Geschichte

Die klassische Physik hatte ein Ideal der Schönheit: Ein gefundener Zusammenhang mußte sich in einer möglichst einfachen, eben schönen, Formel ausdrücken lassen.
Auch in der Kristalloptik galt dieses Ideal. Es ging nicht allein darum, optische Erscheinungen zu beobachten oder später auch zu photographieren: Perfekt mußten die Bilder sein. Das braucht viel Zeit, die die meisten Wissenschaftler schon vor 100 Jahren nicht mehr aufbringen konnten oder wollten. Spätestens an dieser Stelle sind also begeisterte Amateure gefragt, Menschen, die nicht nur etwas können, sondern die auch bereit sind, Zeit und Geld in diese Perfektion zu investieren.

Vom Glück der Amateure

Einer dieser begeisterten und begüterten Perfektionisten war der Magdeburger Schokoladenfabrikant Hans Hauswaldt. Warum er sich gerade auf die Kristalloptik stürzte, wissen wir leider nicht; er hat es immer verstanden, sich unauffällig hinter sein Werk zu stellen. Vielleicht war ihm aber das „Süße Leben" einfach zu wenig. Er muß auf alle Fälle ein begeisterter Photograph mit *„bewährter Kunstfertigkeit"* (Zitat von Th. Liebisch, Göttingen) gewesen sein.
Eine Anfrage zur Person Hauswaldt im Magdeburger Stadtarchiv ergab: Laut Deutschem Geschlechterbuch, Band Nr. 39, Görlitz 1923, wurde der Kaufmann Johann (Hans) Christian Albert Hauswaldt am 20. Juni 1851 in Magdeburg-Neustadt geboren. Hier starb er auch, am 27. März 1909. Sein Grab befindet sich auf dem Neustädter Friedhof.
Am 5. März 1878 heiratete er Elisabeth Duvigneau, die Tochter des Stadtrates Otto Duvigneau und seiner Gattin Auguste Meischner. Das Ehepaar Hauswaldt hatte sechs Kinder.
Das ist leider schon so ziemlich alles, was wir heute noch zur Person Hans Hauswaldt wissen.

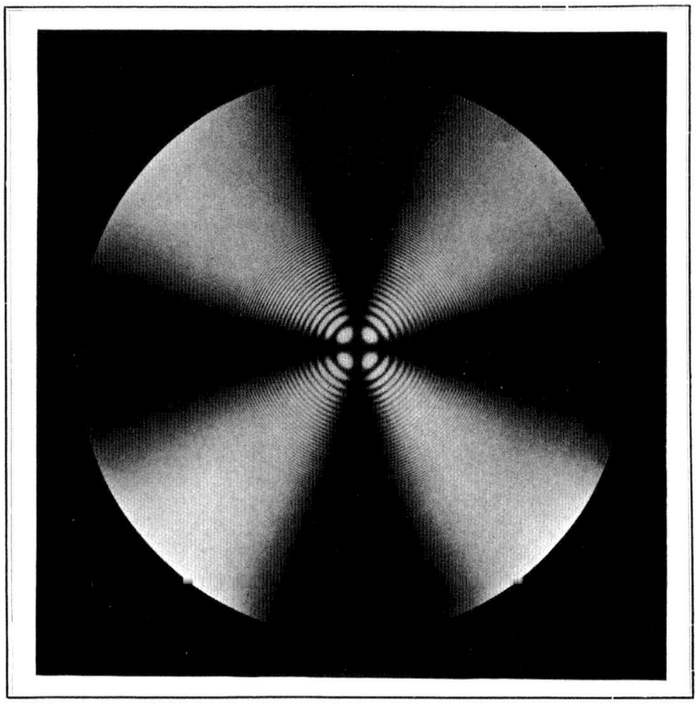

Oben: Tafel 2, Nr. 1
Kalkspath. Platte senkrecht zur optischen Axe im weissen Licht. Nicols gekreuzt.

Unten: Tafel 2, Nr. 2
Kalkspath. Platte senkrecht zur optischen Axe, 3 mm dick, im Na-Licht zwischen gekreuzten Nicols.

(Originalbildunterschriften, Abbildungen 10 % verkleinert)

Inactive optisch einaxige Krystalle

H. Hauswaldt phot. *Magdeburg 1902.*

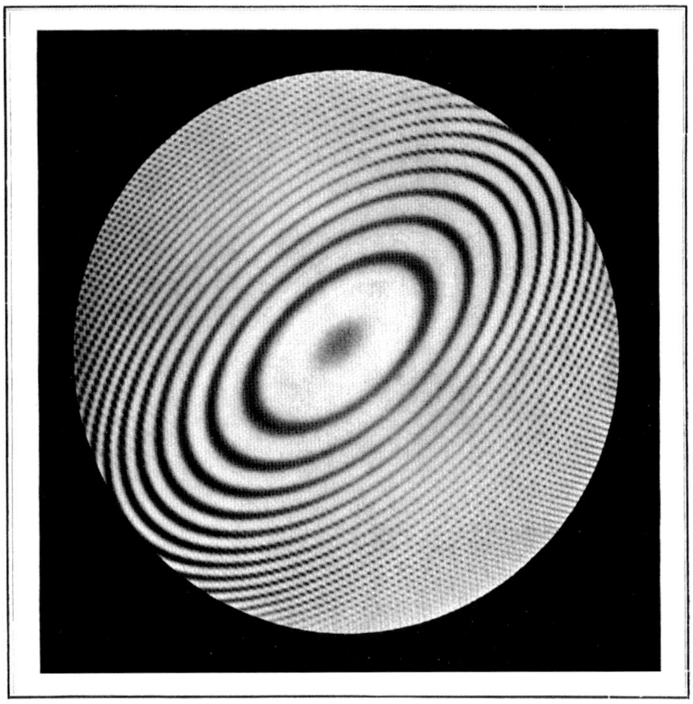

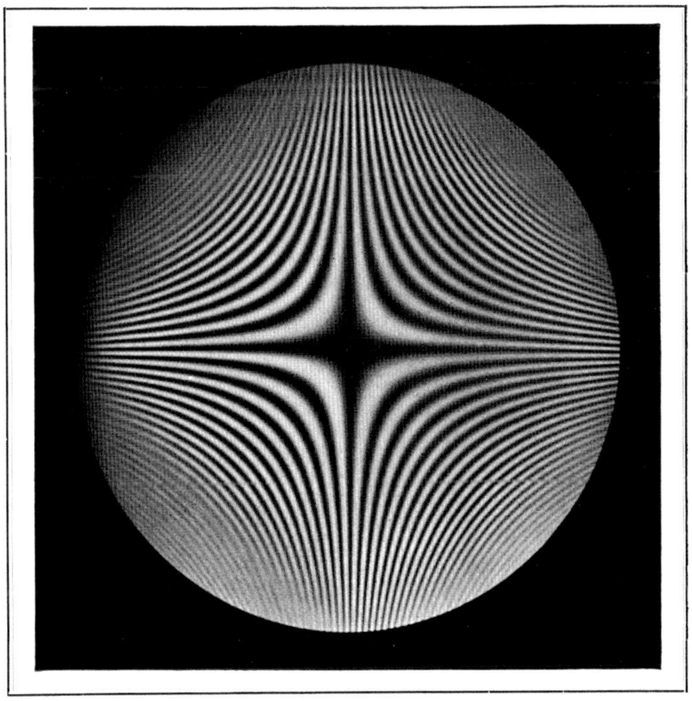

Oben: Tafel 4, Nr. 1

Kalkspath. Platte unter 80° gegen die optische Axe geneigt, im Na-Licht zwischen gekreuzten Nicols. Normalstellung.

Unten: Tafel 7, Nr. 1

Kalkspath. Zwillingsplatten zwischen gekreuzten Nicols. Zwei Platten unter 80° gegen die optische Axe geneigt. Normalstellung.

Oben: Tafel 8, Nr. 2

Kalkspath. Zwillingsplatten zwischen gekreuzten Nicols. Zwei Platten unter 45° gegen die optische Axe geneigt. Diagonalstellung.

Unten: Tafel 9, Nr. 4

Kalkspath. Zwillingsplatten zwischen gekreuzten Nicols. Platte parallel zur optische Axe im Na-Licht. Diagonalstellung.

(Zehn der insgesamt 33 Tafeln sind dem „Kalkspath“ gewidmet; jede Tafel hat vier Bilder.)

Von der Schokolade zum Kalkspat

Magdeburg um 1900

Ein gemütliches Stadtbild, noch ohne Autos. Schokoladen und Biskuits, die in den Geschäften verkauft wurden, warfen genug Geld ab, um ein zeitraubendes, kostspieliges und außergewöhnliches Hobby aus dem Bereich der Kristalloptik zu finanzieren: Hans Hauswaldts Interferenzbilder!

Jgeha-Werbemarken

Die Zichorien-, Schokoladen-, Zuckerwaren- und Biskuitfabriken Joh. Gottl. Hauswaldt (Kürzel „Jgeha“) gaben verschiedene Werbemarken heraus. Heute sind sie gesuchte Sammelobjekte.

Abbildungen auf dieser Seite aus dem Archiv Günter Grundmann

Firmeninternes Notgeld von 1923

Ein seltenes Bilddokument: die umfangreichen Fabrikanlagen. Das Anwesen wurde bereits 1943 verkauft: an Coca Cola!

Um die Ansicht etwas klarer zu zeigen, wurde hier der rot-gelbe Aufdruck weggelassen

Dr. Hans Hauswaldt war zusammen mit Georg Hauswaldt Inhaber der Zichorien-, Schokoladen-, Zuckerwaren- und Biskuitfabriken „Johann Gottlieb Hauswaldt“ in Magdeburg-Neustadt.
In der Reihe „Alt-Magdeburger Geschlechter“ veröffentlichte Georg Hauswaldt 1934 im Montagsblatt, wissenschaftliche Beilage der Magdeburgischen Zeitung, Nr. 5, 76. Jahrgang, einen Artikel über seine Familie. Hierin erwähnte er, daß die Hauswaldts schon immer gerne besondere Steckenpferde hatten. Sein Vater, Johann Wilhelm Hauswaldt, hatte großes Interesse für alle Wissensgebiete, und er besaß eine Mineraliensammlung von Bedeutung.
Und sein Onkel, Dr. Hans Hauswaldt, betätigte sich sehr viel wissenschaftlich. Er war königlicher Kommerzienrat und wurde für seine hervorragenden Leistungen auf dem Gebiet der Wissenschaft von der Universität Tübingen zum Dr. honoris causa ernannt. Er arbeitete intensiv an seinem Werk „Interferenz-Erscheinungen im polarisierten Licht“, nach dem auch an Universitäten gelehrt wurde. Dr. Hans Hauswaldt war Mitglied der kaiserlich Leopoldinischen Akademie der Naturwissenschaften.

Durch Liebisch angeregt

Im Jahre 1907/08 soll Dr. phil. h.c. Hauswaldt dem physikalischen Institut der Universität Breslau wissenschaftliche Instrumente für gemeinsame Arbeiten zur Verfügung gestellt haben. Diese Information entstammt einer Anfrage zu Hauswaldt aus dem Jahre 1996.
Ein Nachlaß Hauswaldts ist im Stadtarchiv Magdeburg nicht überliefert; dort liegt lediglich eine Akte über eine Armenstiftung, die Johann Albert Hauswaldt der Stadt Magdeburg machte (Stadtarchiv A II S. 20 spec. 69 a).
Angeregt zu den kristalloptischen Aufnahmen wurde Hans Hauswaldt jedenfalls von dem damals in Göttingen wirkenden Mineralogen Theodor Liebisch. Liebisch selbst hatte angefangen, Interferenzerscheinungen zu photographieren. Er schreibt dazu: *„Die Notwendigkeit dieser Aufnahmen war gegeben durch unvollständige oder irrtümliche Beschreibungen und Zeichnungen, die von einem Teil der hierhergehörigen Erscheinungen vorlagen.“*

Doppelbrechung und Interferenz

Worum ging es bei diesen „Erscheinungen“? Die meisten Kristalle sind doppelbrechend, das heißt, das Licht wird beim Durchgang durch den Kristall in zwei Strahlen aufgespalten, die den Kristall mit unterschiedlicher Geschwindigkeit durchlaufen. Bringt man nun durch eine geschickte optische Anordnung diese beiden Strahlen zur Interferenz, d. h. zur Überlagerung der beiden Wellenzüge, dann werden aus dem weißen Licht einige Farben ausgelöscht. Der Rest mischt sich zu einer neuen, der Interferenzfarbe. Diese Farbe hat nichts mit der Eigenfarbe eines Kristalls zu tun. Sie hängt von der Art des Minerals, der Richtung des Lichtdurchtritts und der Dicke der Probe ab.
Petrographen nutzen diesen Effekt, indem sie dünne Scheiben eines Gesteins („Dünnschliffe“) in einem speziellen Mikroskop im polarisierten Licht untersuchen (Polarisationsmikroskop). An Hand der auftretenden Farben lassen sich die Bestandteile des Gesteins identifizieren.
Normalerweise benutzt man dazu ein möglichst paralleles Licht. Wird nun dieses parallele Licht,

Links

Gefertigt von den „Herren Dr. Steeg und Reuter aus Homburg v. d. H.“: Präparate für Hauswaldts optische Experimente

Rechts

Viele Kilo schwer und optisch klar: die Kalkspat-Kristalle vom Berufjord auf Island. Typisch sind die aufgewachsenen Stilbit-Kristalle

Museum für Naturkunde der Humboldt-Universität zu Berlin, Fotos Waltraud Harre

Der „Doppelspath"

Die Mikroskopie-Methode von Hauswaldt bezeichnet man als Konoskopie. Ein ausführliches Kapitel darüber findet man im Lehrbuch von Kleber, Bautsch und Bohm: Einführung in die Kristallographie, Berlin 1990.

indem eine spezielle Linse in den Strahlengang gebracht wird, durch konvergentes (gebündeltes) Licht ersetzt, wird der Kristall gleichzeitig in verschiedenen Richtungen durchstrahlt. Das Licht dieser verschiedenen Richtungen interferiert miteinander, und es entstehen sogenannte Interferenzfiguren. Je nach Drehung des Kristalls ändern sich diese Figuren systematisch.
Man nutzt diese Erscheinung, um die Orientierung eines Kristalls zu untersuchen. Heute ist das eine Standardmethode. Doch bis es dazu gekommen ist, waren eine ganze Reihe von grundlegenden Untersuchungen notwendig. Diesen haben sich vor allem Liebisch und Hauswaldt gewidmet.

Explosives Licht ...

Für die Abbildungen gab es einige Voraussetzungen. Zuerst mußte eine geeignete Aufnahmeapparatur gefunden oder konstruiert werden. Hauswaldt nutzte eine optische Bank, die aus den Werkstätten von Carl Zeiss in Jena stammte.
Dann war das Problem der Lichtquelle zu lösen. Benutzt man für die Erzeugung weißes Licht, entstehen farbige Interferenzfiguren. Diese abzubilden wäre sicherlich wünschenswert gewesen, aber der Farbfilm war noch nicht erfunden. Nimmt man die farbigen Figuren jedoch mit einer Schwarz-Weiß Platte auf, entstehen nur verwaschene Aufnahmen. Also entschloß sich Hauswaldt, monochromatisches Licht zu benutzen; am einfachsten läßt sich gelbes Na-Licht erzeugen. Er entwickelte dazu eine Spirituslampe und setzte dem Brennstoff NaCl zu. Die Verbrennung erfolgte in reinem Sauerstoff. Sauerstoffzufuhr und Docht mußten sorgfältig kontrolliert und nachgeregelt werden, betrugen seine Belichtungszeiten doch immerhin bis zu 60 Minuten. Ob sein Labor bei dieser nicht ungefährlichen Apparatur jemals abgebrannt ist, wissen wir nicht. Es wäre jedoch denkbar.

... und ein „Islandspat"

Das notwendige polarisierte Licht erzeugte Hauswaldt mit einem Kalkspat-Prisma nach Glan-Thompson. Es hatte einen Durchmesser von rund 4 cm; die vorhanden Reste des Kristalls, der dazu verschliffen wurde, haben beachtliche Dimensionen. Dieser Kalkspat stammte wohl aus Island und war schon damals nicht gerade billig.

Um Verzerrungen auf der Fotoplatte zu vermeiden, nutzte er als Analysator nicht etwa ein zweites Prisma, sondern eine hellgrüne Turmalinplatte. Nach langem Suchen fand Hauswaldt, daß die Silber-Eosin Platten von Perutz in München die besten Ergebnisse lieferten. Die Präparate fertigten mit wenigen Ausnahmen die *„Herren Dr. Steeg und Reuter aus Homburg v. d. H."*. In den Jahren 1897 - 1901 stellte Hauswaldt mit dieser Apparatur nicht weniger als 1000 Aufnahmen her.

Hauswaldts Interferenz-Atlas

1902 hat er in einer ersten Serie 33 Tafeln mit je vier Abbildungen unter dem Titel "Interferenzerscheinungen an doppelt brechenden Kristallplatten im convergenten polarisierten Licht – photographisch aufgenommen von Hans Hauswaldt in Magdeburg" im Eigenverlag veröffentlicht.
Liebisch verfaßte für das Tafelwerk ein Vorwort, in dem er schrieb: *„... äusserte ich Herrn Hans Hauswaldt in Magdeburg den Wunsch, seine bewährte Kunstfertigkeit in photographischen Aufnahmen auf die Interferenz-Erscheinungen an doppeltbrechenden Krystallen auszudehnen.*
Von dem lebhaften Interesse und dem unermüdlichen Eifer, mit denen Herr Hans Hauswaldt diesen Wunsch in den Jahren 1897 – 1901 erfüllt hat, giebt der vorliegende Atlas, dessen Tafeln eine Auswahl der Aufnahmen in Autotypie wiedergeben, ein beredtes Zeugniss."
1904 folgten 80 Tafeln und in einer dritten Reihe weitere 72 Tafeln. Bezüglich Qualität und Ästhetik haben Hauswaldts Aufnahmen einen Standard gesetzt. Er wurde kaum je wieder erreicht. Die meisten Lehrbücher der Mineralogie und Kristallographie haben seine Aufnahmen übernommen und nutzen sie heute noch.
Hauswaldt starb im Jahre 1909. Die Sammlung seiner Präparate, die Photoplatten und einen Teil seiner Gerätschaften vermachte er dem Mineralogisch-Petrographischen Institut und Museum der Berliner Friedich-Wilhelm-Universität, dessen Direktor Liebisch inzwischen geworden war. Noch heute füllt sein Nachlaß zwei große Sammlungsschränke in der Nachfolgeeinrichtung des Instituts, dem Museum für Naturkunde der Humboldt-Universität: ein Schatz, der immer noch nicht vollständig gehoben ist.
Über den Verbleib der in der Auskunft aus Mag-

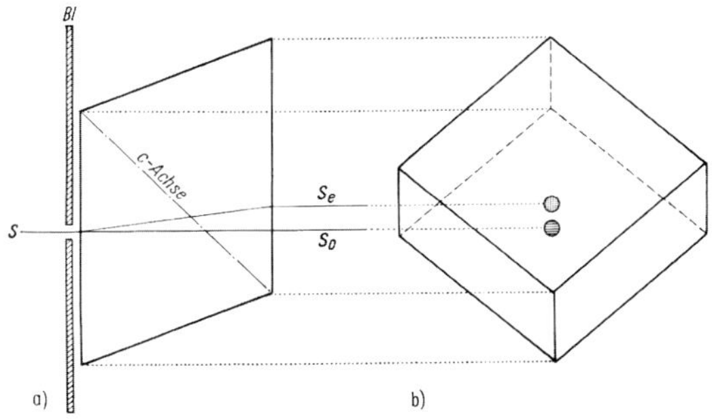

Doppelbrechung im Calcit bei senkrechtem Lichteinfall, a) im Schnitt, b) Aufsicht

Erasmus Bartholinus entdeckte 1669 an einem Kalkspat-Spaltrhomboder die Doppelbrechung: Ein Lichtstrahl wird bei seinem Weg durch den Kristall in zwei Strahlen zerlegt. Trifft der Strahl S senkrecht auf den Kristall, ändert der „ordentliche" Strahl S_O seine Richtung nicht, der „außerordentliche" Strahl S_E wird jedoch abgelenkt; beide sind dabei polarisiert.

Zeichnungen aus Kleber, Bautsch und Bohm: Einführung in die Kristallographie, Berlin 1990

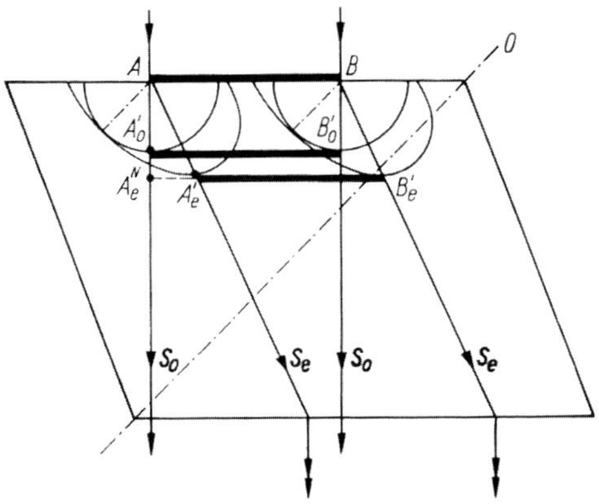

Huygens' Konstruktion für den Lichtverlauf (die Ablenkung des außerordentlichen Strahls ist zur Verdeutlichung übertrieben dargestellt)

Zur Erklärung des Phänomens nahm **Christiaan Huygens** an, daß sich im Kristall zwei Wellenfronten ausbreiten: der ordentliche Strahl in gleicher Geschwindigkeit nach allen Richtungen (in Form einer Kugel wie in einem isotropen Medium), der außerordentliche Strahl jedoch richtungsabhängig (in Form eines Ellipsoids), und zwar in Richtung der c-Achse (optische Achse) des Kristalls.

Unten zwei Beispiele für optisch zweiachsige Kristalle aus Hauswaldts Tafelwerk, vgl. Seite 41

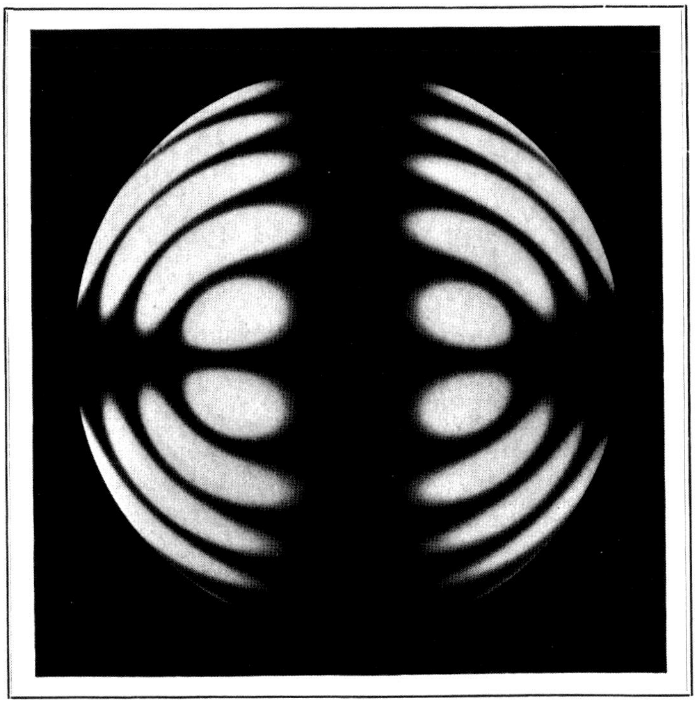

Optisch zweiaxige Krystalle (Tafel 24, Nr. 3)
Sanidin. Platte senkrecht zur ersten Mittellinie im Na-Licht zwischen gekreuzten Nicols. Normalstellung.

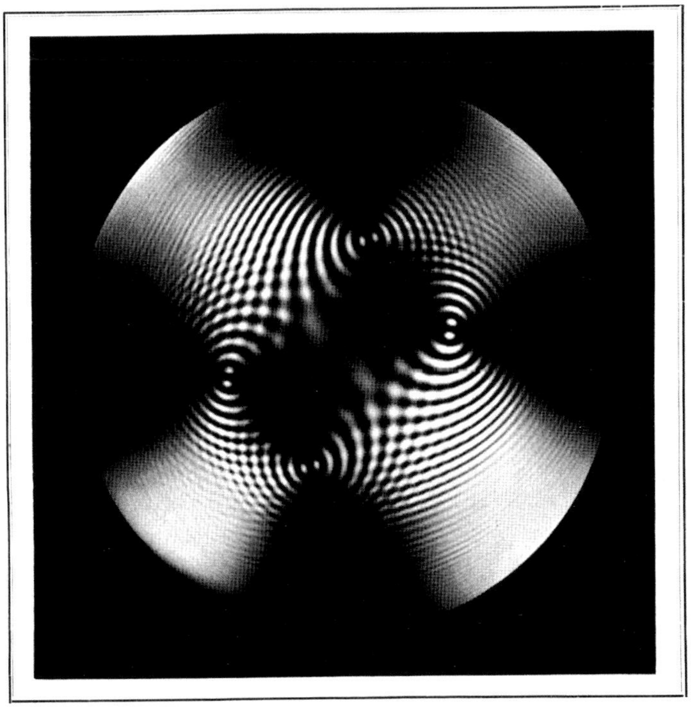

Optisch zweiaxige Krystalle (Tafel 28, Nr. 1)
Aragonit. Platte aus einem Zwilling nach 110, senkrecht zur ersten Mittellinie, im Na-Licht.

Sie gehören zu den Schätzen des Museums für Naturkunde der Humboldt-Universität zu Berlin:
Hans Hauswaldts Tafelwerke, Teile seines Instrumentariums (Glan-Thompson-Prisma und die Reste des Kristalls, aus dem es gefertigt wurde) sowie Hauswaldts Präparate (hier eine Calcitkugel)
Foto Waltraud Harre

deburg erwähnten Geräte, die an das physikalische Institut der Universität Breslau gegangen waren, ist jedoch leider nichts bekannt.

Der Lehrbuch-Doppelbrecher

Aber was hat das ganze nun mit Kalkspat zu tun? Kalkspat ist ein Mineral mit sehr hoher Doppelbrechung. Deswegen sind die Interferenzfiguren des Kalkspats besonders prächtig. Auch findet man in alten Lehrbüchern dort, wo die Doppelbrechung erklärt wird, ein klassisches Bild: Ein Spaltrhomboeder liegt auf dem Wort „Kalkspat“ oder noch besser auf „Doppelspat“, und natürlich sieht man das Wort doppelt.

Kalkspat-Kristalle ließen sich immer einfach beschaffen, gut schleifen und waren einigermaßen bezahlbar. Das machte sie zu einer der Lieblingssubstanzen der Kristalloptik. Dort ist er nicht nur Untersuchungsobjekt, sondern auch Bestandteil in vielen optischen Komponenten und Apparaturen: Kalkspäte findet man im Polarisationsmikroskop und Konoskop, im Achsenwinkel-Meßgerät, im Saccharimeter und in Prismen unterschiedlichster Bauart (Nicolsche, Glan-Thompson-, Ahrens-, Wollaston- und viele andere Prismen).
Bei allen diesen Vorzügen ist es verwunderlich, daß es bis heute noch keinem Kristallzüchter gelungen ist, „vernünftige“ Kalkspat-Kristalle zu züchten. Es gibt also noch einiges zu tun!

Als „Hilfsarbeiter" im Labor: Kalkspat

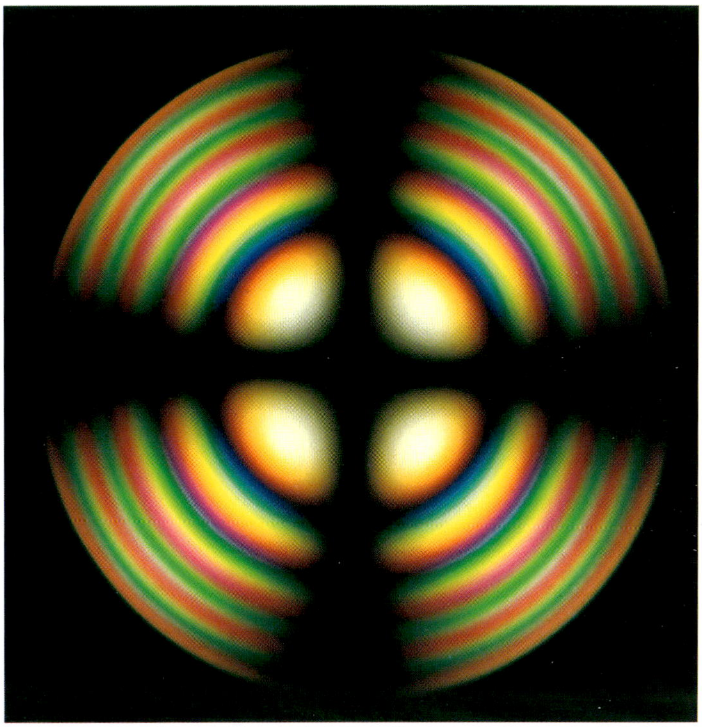

Polariskop, um 1890

Vorläufer des modernen petrographischen Mikroskops, signiert R. Fuess, Berlin-Steglitz; großes Nicolprisma im Objekttisch als Polarisator, kleines Nicolprisma als Analysator im Okularaufsatz, Höhe 37 cm. Foto Kubath und Medenbach

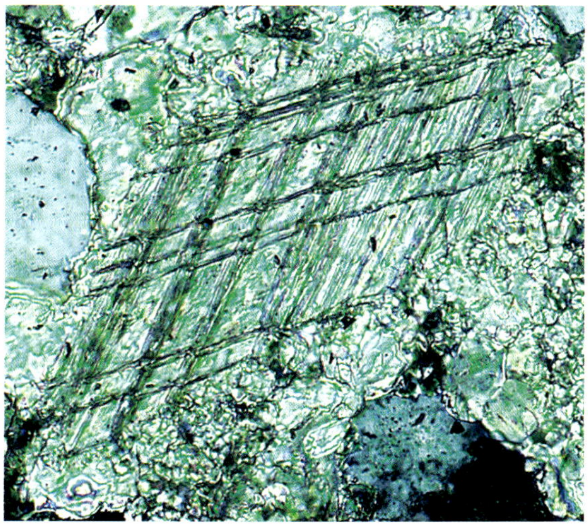

Calcit-Probe im Polarisationsmikroskop

Ein Calcit-Rhomboeder als Drucklamellen-Zwilling in einem Stückchen Sandstein aus der Münchner Schotterebene; 45-fach vergrößert, gekreuzte Nicols Dünnschliff, Foto Günther Neumeier

Interferenz-Aufnahmen: heute auch in Farbe möglich

Moderne Aufnahmen von Interferenzfiguren, wie sie Hauswaldt mangels Farbfilm noch nicht aufnehmen konnte:
oben *Calcit, Foto Olaf Medenbach, Universität Bochum*
unten *Muskovit, Foto Ludwig Masch, Universität München*

Kalkspat im letzten Jahrhundert

Die Sammlung des Bergdirectors Max Ph. Geipel, Eisleben

Rupert Hochleitner, Kustos der Mineralogischen Staatssammlung München, über die historische Sammlung Max Philipp Geipel

Kalkspat ist ein außerordentlich häufiges Mineral. Er ist zwar in jeder Sammlung vorhanden, in seiner großen Vielfalt – was Ausbildung und Fundorte betrifft – wird er aber meist vernachlässigt, sieht man einmal von einigen Calcit-Spezialsammlungen ab. Dabei ist die grundlegende Aufgabe einer Systematiksammlung, alle Mineralien – also auch Calcit – in möglichst vielen charakteristischen Ausbildungen, Kristallformen und natürlich von allen wichtigen Fundorten zu belegen. Dies ist bei vielen Mineralien für jeden Sammler selbstverständlich, der gute alte Kalkspat wird dagegen als häufiges „Allerweltsmineral" oft sträflich vernachlässigt.

Foto aus dem Beitrag von Dieter Rose über die Meteoritensammlung an der Universität Regensburg, Aufschluss, Jahrgang 41, 1/1990

Deshalb ist es besonders interessant, sich einmal den Calcit-Bestand einer Mineraliensammlung anzusehen, die gut 100 Jahre alt ist. In der Mineralogischen Staatssammlung München liegt eine solche Rarität. Sie gehörte einst einem sehr angesehenen Sammler.

Der Sammler Max Philipp Geipel

Max Philipp Geipel lebte von 1871 bis 1925. Er war von 1889 bis 1919 bei der „Mansfelder Kupferschieferbauenden Gewerkschaft" angestellt, zuletzt als Bergdirektor. Für diese Mansfelder Gewerkschaft unternahm er mehrere Auslandsreisen, so z. B. nach Skandinavien und Südamerika, die sich auch im Bestand seiner Mineraliensammlung bemerkbar machten (Jankowski & Rose, 1992). Geipel trug seine Sammlung etwa zwischen 1900 und 1920 zusammen.

Er suchte seine Mineralien nicht nur selbst, sondern investierte auch beträchtliche Summen in den Ankauf von Mineralien, wobei er großen Wert auf hochqualitative Stücke mit gut sichtbaren Kristallen legte. Besonders wichtig war ihm, die Mineralien in möglichst vielen Ausbildungen und von möglichst allen wichtigen Fundorten zu dokumentieren. So gibt es kaum ein Mineral, das in der Geipelschen Sammlung mit nur einer Stufe vertreten wäre.

1925 wurde die Sammlung zum Großteil von seinem Freund Zschweigert übernommen. Anfang der 50er Jahre wurde dann ein Teil durch den Mineralogen und Systematiker Hugo Strunz für die Hochschule Regensburg angekauft. Dort war die Sammlung lange Jahre Bestandteil des Staatlichen Instituts für Angewandte Mineralogie, bis sie nach dessen Auflösung 1997 zur weiteren Bearbeitung und Inventarisierung zur Mineralogischen Staatssammlung nach München kam.

Was hat nun der Bergdirektor Geipel an Calcit in seine Sammlung aufgenommen? Auch wenn es sich bei der Geipelschen Sammlung, die jetzt in der Mineralogischen Staatssammlung München aufbewahrt wird, nur um einen Teil seiner Sammlung handelt (es fehlen z. B. die meisten Gold- und Silberminerale), läßt dies doch eine ganze Menge Rückschlüsse darauf zu, was damals, Anfang unseres Jahrhunderts, die klassischen Calcit-Fundstellen waren, von denen Belege in keiner Sammlung fehlen durften.

Die Nr. 1: natürlich Andreasberg

Betreiben wir erst einmal etwas Calcit-Statistik: Insgesamt liegen heute 194 Calcit-Stufen aus der Geipelschen Sammlung vor; sie stammen von 41 verschiedenen Fundstellen. Nur zu einem geringen Teil wurden sie von Geipel selbst gesammelt. Für die meisten Stufen existieren Etiketten der damals wichtigen Mineralienhandlungen: Krantz, Böhme, Freiberger Mineralien-Niederlage und andere.

Am häufigsten vertreten ist natürlich die Lagerstätte **St. Andreasberg im Harz**: 40 Stufen stammen von dort. Deutlich sieht man hier die kenntnisreich auswählende Hand eines versierten Sammlers: Keine Stufe gleicht der anderen, alle wichtigen Ausbildungsformen – vom einfachen Grundrhomboeder über steile und flache Rhomboeder bis hin zu Kanonenspat und Blätterspat – sind vertreten, genauso alle wichtigen Andreasberger Paragenese-Mineralien vom Stilbit bis zum Pyrargyrit.

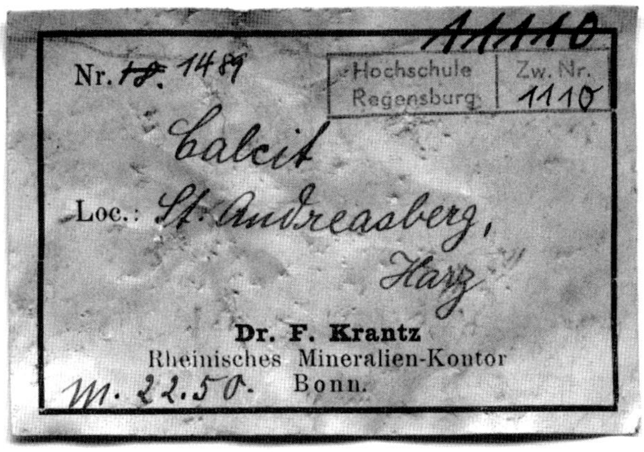

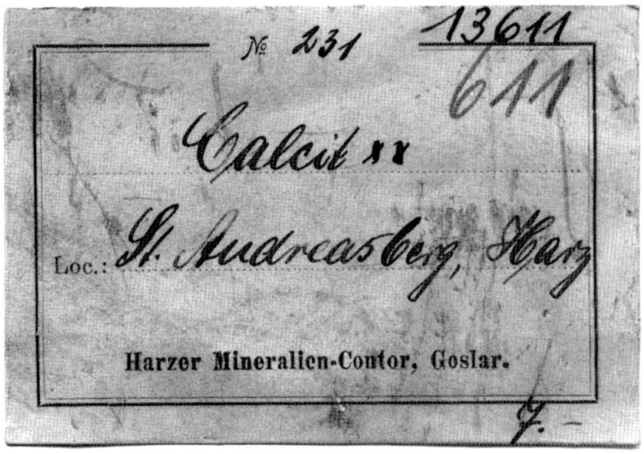

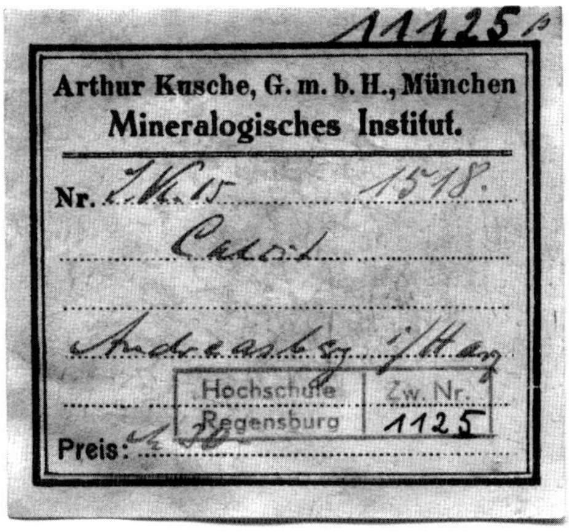

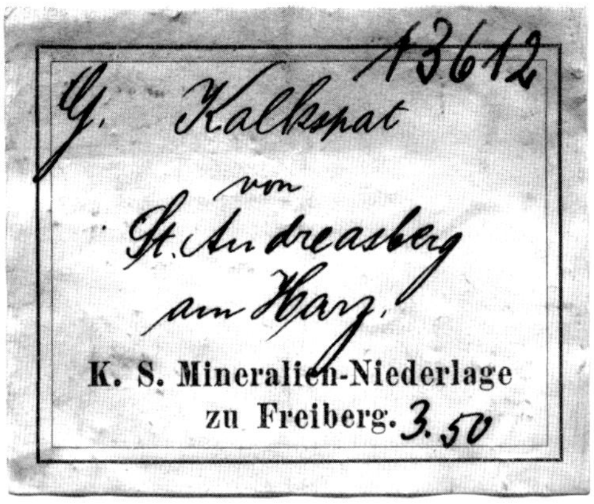

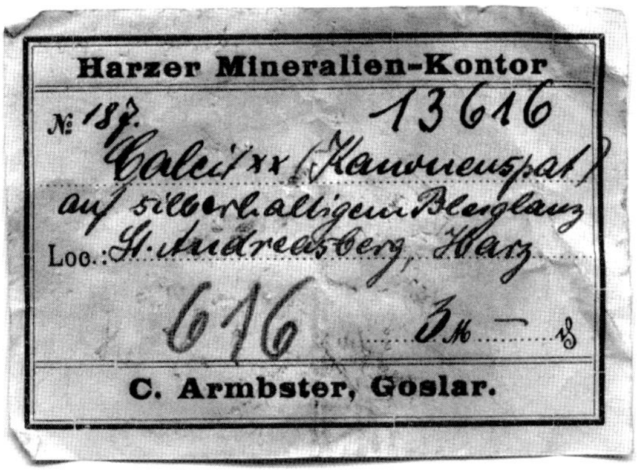

St. Andreasberg im Harz

war für Geipel natürlich die Calcit-Fundstelle Nummer 1. Was er nicht selbst sammeln konnte, kaufte er bei Händlern. Hier eine Auswahl von Sammlungsetiketten (in Originalgröße) von Händlern aus Freiberg, Bonn, Goslar und München; rechts unten sein eigenes Sammlungsetikett.

Calcit-Sammeln vor 100 Jahren:
Bergdirector Max Philipp Geipel, Eisleben

Mineralogische Staatssammlung München

Ein zweiter Schwerpunkt ist lokal und wohl auch durch die berufliche Entwicklung Max Geipels bedingt: Calcite aus den Drusen der immer wieder aufgeschlossenen Vulkanite im Bereich des **Zwickauer Kohlenreviers**, wo Geipel mit seiner bergbaulichen Ausbildung begann. Einige der insgesamt 29 Calcit-Stufen stammen aus dem **Glückauf-Schacht bei Zwickau**, zahlreiche von **Oberhohndorf**. Dabei handelt es sich um vielfältig ausgebildete Calcit-Kristalle und oft bizarre Aggregate, die in Rauchquarz- und Amethyst-Geoden aufgewachsen sind.
Ein weiterer mit zahlreichen Stufen vertretener Fundort, der eigenartigerweise bisher in der reichlichen Calcit-Literatur nicht aufgefunden werden konnte, ist **Neumark im Vogtland**. Nach den in der Geipel-Sammlung vertretenen Stücken kann sich diese Lagerstätte nämlich durchaus mit anderen klassischen deutschen Fundorten messen: Bis 10 cm große, teils sehr interessante flächenreiche, durchsichtige bis durchscheinende Kristalle, selten mit etwas Pyrit, häufig in skalenoedrischem, daneben aber auch rhomboedrischem und prismatischem Habitus sowie schöne Schmetterlingszwillinge bis über 5 cm Größe.
Höchst interessant sind drei Funde von **Fürstenberg** bei Schwarzenberg in **Sachsen**, die möglicherweise von Geipel selbst gesammelt wurden, da er 1897 ein Gutachten über die Kalkvorkommen bei Schwarzenberg anfertigte. Es handelt sich um bis 15 cm große doppelendige Kristalle, die mehrere Skalenoeder und Rhomboeder in Kombination zeigen. Durch Überkrustung mit Eisen- und Manganoxiden sind sie oberflächlich gelblichbraun bis schwarz gefärbt.
Von **Schneeberg**, aus der **Grube Wolfgangmaßen** kommen einige Stufen, die nicht durch ihre Ausbildung auffallen, wohl aber durch ihre Farbe: Intensiv violette bis lilafarbene Kugeln in Quarzdrusen.
Schöne Stufen mit Rhomboedern, zum Teil sehr flachtafelig, Skalenoedern und Prismen, vergesellschaftet mit Pyrit, Dolomit, Siderit stammen aus dem Bergbaugebiet **Freiberg**, vorzugsweise von der **Grube Himmelsfürst**.
Richters Steinbruch bei **Plauen im Vogtland** hat damals eine Reihe interessanter Kleinstufen geliefert: skalenoedrische Kristalle, meist Doppelender, oft nach der Basis verzwillingt, wie man an den einspringenden Winkeln am „Äquator" der Kristalle gut erkennen kann. Vom nahegelegenen **Reinsdorf** stammt ein etwa 10 cm großes klares Spaltrhomboeder, das keinen Vergleich mit den heute meist aus Mexiko kommenden Doppelspäten zu scheuen braucht.
Von **Rabenstein bei Chemnitz** stammen sehr schöne gelbliche flächenreiche Kristalle, Kombinationen verschiedener Skalenoeder mit verschiedenen Rhomboedern; darunter befinden sich auch Zwillinge.
Grünau bei Wildenfels in Sachsen ist Fundort einiger besonders interessanter Calcit-Stufen der Geipelschen Sammlung: Einerseits schöne bräunliche Skalenoeder bis 5 cm Länge, andererseits verschiedene sehr interessante Zwillingsbildungen. Auf einer Stufe befindet sich ein hervorragender Kristall der Kombination hexagonales Prisma mit Rhomboeder, der nach (0001) verzwillingt ist, und ein weiteres Exemplar ist noch komplizierter aufgebaut: Ein etwa 5 cm großer doppelendiger Skalenoder ist, wie an den einspringenden Winkeln deutlich zu sehen, ebenfalls nach (0001) verzwillingt, zusätzlich wird er aber noch am einen Ende von einem Prisma mit Rhomboeder-Endflächen überwachsen, so daß der Skalenoeder-Zwilling mit dem einen Ende regelrecht im Prisma steckt.
Vom **Ith bei Braunschweig** stammt ein ca. 12 cm langer honiggelber Doppelender, der mit seiner Kombination von Prisma mit verschieden steilen Skalenoedern und Rhomboedern fast als Quarz (in diesem Falle wäre das dann ein hervorragender Citrin) durchgehen könnte.
Clausthal im Harz ist ebenfalls mit einigen Stufen vertreten, eine davon fällt durch ihre großen rhomboedrischen, leicht rosafarbenen Kristalle auf, die mit kleinen Sphalerit-Kriställchen vergesellschaftet sind.
Eine besonders interessante Stufe kommt aus den Gabbrobrüchen im **Radautal im Harz**: Auf einer Matrix aus Feldspat, Calcit, Chlorit und kleinen Quarzkriställchen sitzen zwei große Calcit-Kristalle, von denen der eine als Prisma mit Basis, also als typischer Kanonenspat ausgebildet ist, während der andere auf den ersten Blick eher wie ein Flußspatoktaeder aussieht. Die gut erkennbare rhomboedrische Spaltbarkeit entlarvt ihn bei näherem Hinsehen aber trotzdem schnell als weiteren Calcit in der Kombination von Rhomboeder und Basis.

1

2

3

St. Andreasberg im Harz

1 Dicktafelige Calcit-Kristalle, der größte Kristall mißt 3 cm

2 Prismatische Calcit-Kristalle, „Kanonenspat“, der längste Kristall mißt 4 cm

3 Flächenreiche, rhomboedrische Calcite bis zu 2 cm Größe

Oberhohndorf bei Zwickau, Sachsen

4 Calcite mit prismatischem Habitus durch dichtes Stapeln von Rhomboedern, auf Rauchquarz; Größe der Calcite bis 3 cm

Neumark im Vogtland, Sachsen

5 Flächenreiche Calcit-Kristalle, Breite der Stufe 6 cm

Sammlung Max Ph. Geipel, Fotos Rupert Hochleitner

4

5

Calcit-Sammeln vor 100 Jahren:
Bergdirector Max Philipp Geipel, Eisleben

Mineralogische Staatssammlung München

Rüdersdorf bei Berlin ist zwar vielmehr wegen seines Coelestins berühmt, aber wie eine Stufe der Geipelschen Sammlung zeigt, hat es auch schöne Drusen mit gelben Calcit-Rhomboedern geliefert.

Aus dem Mansfeldischen, von **Eisleben**, seiner Heimat, hat Geipel nur wenige Calcit-Stufen gesammelt, von denen einige aber doch bemerkenswert sind: Einmal finden sich in der Sammlung mehrere Stufen mit Rasen intensiv orangerot gefärbter Skalenoeder aus dem **Zirkelschacht** bei Eisleben, zum anderen fallen einige Stufen mit eigenartigen sechsseitigen langprismatischen Kristallen von der gleichen Fundstelle auf, die wie mit winzigen Calcit-Kristallen überzuckert aussehen. Unter dem Mikroskop erweisen sich die sechsseitigen Prismen als Aggregate kleiner Calcit-Kristalle, in kleineren Löchern sind winzige, flächenreiche, skalenoedrische und rhomboedrische Kristalle zu sehen.

Auf dem Geipelschen Etikett werden die Kristalle als Pseudomorphosen nach Aragonit bezeichnet, was sich wunderbar bestätigt, läßt man seinen Blick etwas weiter durch die Sammlung schweifen. Unter dem Stichwort Aragonit finden sich nämlich genau gleichartige Bildungen, allerdings ohne die winzigen Calcite auf der Oberfläche, die wirklich aus Aragonit bestehen, also das nicht umgewandelte Ausgangsprodukt der Pseudomorphosen darstellen.

Von **Stolberg bei Aachen** kommen rhomboedrische Calcite bis 2 cm Größe, die auf nieriger Schalenblende aufgewachsen sind.

Überraschend: Guanajuato

Damit ist jetzt, mit etwa dreiviertel aller Stufen, das Kapitel deutsche Calcit-Funde abgeschlossen. Die anderen Fundorte werden von **Guanajuato in Mexiko** angeführt, das zur damaligen Zeit ein außerordentlich reicher und vielfältiger Calcit-Fundort gewesen sein muß – immerhin elf Stufen von diesem Fundort enthält die Geipel-Sammlung. Einige ähneln auffallend den Calciten von St. Andreasberg. Bei einer Tafelspat-Stufe würde man beinahe an eine Verwechslung glauben, so „andreasbergisch" sieht sie aus – wäre da nicht die Matrix, auf der die Kristalle aufgewachsen sind: sie besteht nämlich aus einem dichten Rasen von Amethyst-Kristallen.

Typisch für Guanajuato sind sehr flächenreiche, isometrische, beinahe runde Kristalle, die bis 5 cm Größe erreichen können, davon sind mehrere sehr unterschiedliche Stücke in der Sammlung enthalten. Daneben finden sich aber auch sehr schöne Skalenoeder bis 10 cm, auch als Zwillinge, sowie gelbliche Rhomboeder – insgesamt ein schöner Überblick über die Vielfalt der Calcite dieser Lagerstätte.

Eine weitere mexikanische Calcit-Stufe stammt laut Sammlungszettel der Königlich Sächsischen Mineralien-Niederlage zu Freiberg von **„Bolanitos, Mexiko"**. Dieser Fundort ist in den einschlägigen Werken (z.B. Panczner, Minerals of Mexiko) nicht verzeichnet; vielleicht handelt es sich dabei aber um eine falsche Schreibweise des bekannten Fundorts Bolanos im Staate Jalisco. Auf alle Fälle ist die Stufe mit ihren schneeweiß überzuckerten Skalenoedern bis 5 cm Größe, die auf einem Quarzrasen aufgewachsen sind, optisch außerordentlich attraktiv.

Gleich danach fallen zahlreiche Stufen mit klaren, sehr flächenreichen Kristallen von **Egremont in Cumberland**, Großbritannien auf. Auch hier hat Geipel sehr darauf geachtet, die Vielfalt des Vorkommens zu dokumentieren: glasklare hochglänzende, flächenreiche Skalenoeder und Prismen, lange, bleistiftdünne Prismen mit flächenreichen Enden bis etwa 10 cm Länge und natürlich die berühmten „butterfly-twins".

Ein besonders auffallendes Stück stammt von der berühmten Silberlagerstätte **Kongsberg in Norwegen**: Große hochglänzende weiße Rhomboeder bis 5 cm Größe auf einer schwarzen Matrix aus Quarz, gediegen Silber und dem Silbersulfid Akanthit.

Mehrere Stücke enthält die Geipel-Sammlung von dem berühmten Lagerstättenbezirk **Příbram in Böhmen**: schöne, flachtafelige Kristalle aus Prisma und Rhomboeder bis 2 cm Größe sowie eine Stufe mit ganz spitzen bäumchenförmigen Aggregaten.

Die berühmte Zeolith-Fundstelle **Marienberg bei Aussig** im heutigen Tschechien hat ein besonders ausgefallenes Stück geliefert: In dem mit Natrolith-Kristallen ausgekleideten Hohlraum eines vulkanischen Gesteins sitzt ein nahezu perfekt würfelförmiger Kristall, der wiederum von einer feinen Kruste aus Natrolith, Hyalith und winzigen Calcit-Kriställchen überzogen ist. Man würde ihn

1

2

Gabbrobrüche im Radautal, Harz

1 Calcit-Kristalle aus Rhomboeder und Basis mit oktaedrischem Aussehen bis 2 cm

Guanajuato in Mexiko

2 Flächenreiche Calcit-Kristalle bis 3 cm

3 Calcit-Zwilling auf Quarz, 3 cm groß

Egremont in Cumberland

4 Langprismatischer Kristall aus steilen Rhomboedern und Skalenoedern, Länge 8 cm

Kongsberg in Norwegen

5 Rhomboedrische Calcit-Kristalle, rechts ein Zwilling, auf Akanthit und ged. Silber, Stufe 14 cm breit

Sammlung Max Ph. Geipel, Fotos Rupert Hochleitner

3

4

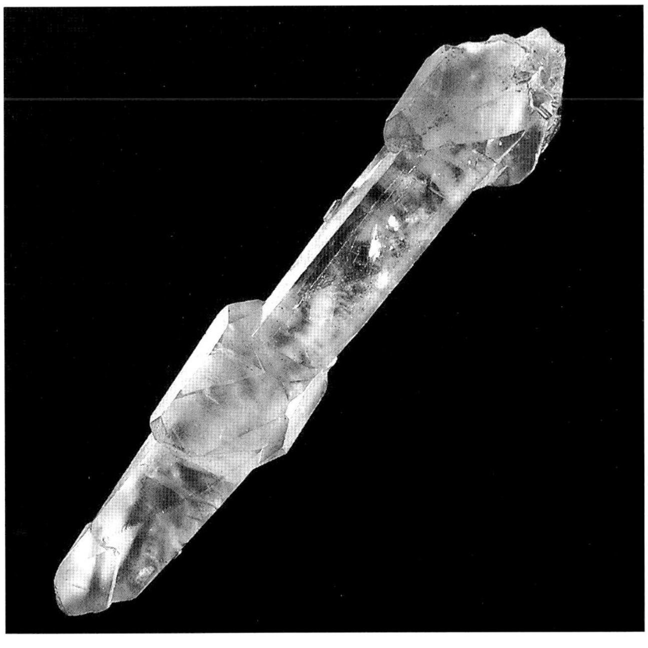

5

Calcit-Sammeln vor 100 Jahren:
Bergdirector Max Philipp Geipel, Eisleben

Mineralogische Staatssammlung München

für alles Mögliche halten – Fluorit, Chabasit oder Apophyllit – nur nicht für Calcit, wäre er nicht leider/gottseidank an einer Ecke leicht beschädigt. Dort ist nämlich an der gut erkennbaren rhomboedrischen Spaltbarkeit seine wahre Identität leicht zu erkennen.
Aus dem **alpinen Bereich** stammen einige Stufen mit rhomboedrischen Kristallen bis 5 cm, die mit den typischen Mineralien der alpinen Klüfte vergesellschaftet sind: mit Chlorit und Titanit vom **Bristenstock in der Schweiz**, mit Adular aus dem **Oberwallis** und mit Adular, Chlorit und kleinen Bergkristallen aus der **Rauris in Österreich**.
Von **Hüttenberg in Kärnten** stammen kugelige weiße Aggregate bis 1 cm Durchmesser, die auf limonitisierten Siderit-Kristallen aufgewachsen sind, und vom nahegelegenen **Maria Waitschach** kommen tannenbaumartige Aggregate aus verzwillingten Rhomboedern, die ebenfalls auf Limonit aufgewachsen sind.
Ein Aggregat honiggelber, sehr flächenreicher Kristalle bis 8 cm Länge fand aus der Blei-Zink-Lagerstätte **Bleiberg in Kärnten** ihren Weg in die Geipelsche Sammlung.
Auch die italienische Insel **Sardinien** ist mit einer Calcit-Stufe in der Sammlung Geipel vertreten: Eine Stufe mit bis 3 cm langen spitzen Kristallen, einer Kombination von Prisma mit Skalenoedern und sehr steilen Rhomboedern stammt von **Giovanni Bonni**.
Die Lagerstätten der **Cinque Valli in Südtirol** haben einen sehr schönen einzelnen Zwilling von 8 cm Länge geliefert.
Ein auffallender glasklarer Skalenoeder mit zahlreichen Einschlüssen von Chlorit und anderen Mineralien, der eine Länge von 13 cm erreicht, stammt von **Nordmarken in Schweden**.
Das für Calcit berühmte **Island** ist durch einen sehr gut ausgebildeten doppelendigen klaren Skalenoeder vertreten, der seine Herkunft durch einzelne aufgewachsene Stilbit-Garben verrät.
Die heute berühmte Fundstelle **Joplin, Missouri** ist auch in der Geipelschen Sammlung vertreten, allerdings mit vergleichsweise eher unscheinbaren Einzelkristallen, darunter immerhin auch ein schöner Schmetterlings-Zwilling.
Durch Einschlüsse von gediegen Kupfer rot gefärbt sind bis 8 cm große skalenoedrische Calcit-Kristalle auf mehreren Kupfer-Stufen aus den berühmten Vorkommen von **Michigan**. Als genauere Fundort-Angabe findet sich **Houghton County**, was auf eine Herkunft der Stücke aus dem zentralen Lagerstättenbereich hindeutet. Sehr ähnliche Calcit-Stücke wurden auch aus der **Quincy und Franklin Mine bei Houghton** beschrieben.
Der nächste Fundort von Calcit-Kristallen in der Geipel-Sammlung befindet sich gar nicht so weit von den Kupfer-Lagerstätten entfernt, es ist **Kelly's Island im Erie-See**. Von dort kommt eine Stufe mit schönen gelben Skalenoedern bis 3 cm Länge, die als Endflächen zusätzlich Basis und Rhomboeder aufweisen.
Schöne honigbraune flächenreiche Rhomboeder bilden eine attraktive Stufe aus der berühmten Quecksilber-Lagerstätte **Terlingua in Texas**.

Dokumente der Montangeschichte

Dies war also ein schöner Überblick dessen, was ein Sammler Anfang dieses Jahrhunderts mit entsprechendem persönlichen und finanziellen Einsatz so alles an Calciten zusammenbringen.
Natürlich haben sich die Bedingungen geändert. So war es damals sicher einfacher, eine schöne Kollektion von St. Andreasberg zusammenzustellen, allerdings waren schon damals die Preise nicht ganz unerheblich.
Die meisten sächsischen Vorkommen zählen heute nicht mehr zu den Lagerstätten, die noch liefern und sind zu fast unerreichbaren Klassikern geworden. Andere Fundorte, die heute viel bringen, wie die Amethyst-Vorkommen Brasiliens, waren damals offensichtlich völlig unbekannt.
Erstaunlich ist aber, daß sich damals schon Calcite von Joplin, Missouri, auf dem Markt befanden; die Qualität ist allerdings mit heutigem Material nicht vergleichbar. Und ganz beachtlich müssen damals die Calcit-Funde von Guanajuato gewesen sein – heute gibt es zwar durchaus schöne Calcite aus Mexiko, jedoch kaum mehr von diesem alten Bergbau.
Gerade am Allerweltsmineral Calcit kann man also, wie man sieht, ganz gut Bergbaugeschichte ablesen, wenn die Funde gut dokumentiert und beschriftet sind. Schließlich taucht Calcit auf den unterschiedlichsten Vorkommen weltweit als Gangart auf – und als ein wirklich sammlungswürdiges Mineral.

1

2

„Bolanites" (Bolanos?), Mexiko

1 „Überzuckerte" Calcit-Skalenoeder auf Quarz, der große Kristall mißt 6 cm

Houghton County, Michigan, USA

2 Calcit-Skalenoeder auf gediegen Kupfer, der Calcit mißt 3 cm

Copper Queen Mine, Bisbee, Arizona

3 Skalenoedrische Calcite mit Malachit auf Limonit, der Calcit mißt 4 cm

Zwei „Sand-Calcite"

4 Rhomboedrisch von Fontainebleau, Paris, 8 cm

5 Prismatisch aus den Badlands, South Dakota/USA, 7 cm

Sammlung Max Ph. Geipel, Fotos Rupert Hochleitner

3

4

5

Fundorte von Calcit: die Top Ten der Weltrangliste

Günter Grundmann, Kustos der Mineraliensammlung der TU München, hat nach strengen Maßstäben ausgewählt

„Wie könnt Ihr es nur wagen, aus der weltweit schier unübersehbaren Menge von Calcit-Fundorten nur 10 für eine Hitliste herauszufiltern!" Diese Frage müssen wir – der Autor unter Mitarbeit der Lapis-Redaktion – uns sicher von vielen Lesern gefallen lassen. Sie tauchte bereits bei der Vorbereitung des Artikels auf.

Wie auch immer – zu Beginn gleich eine große Bitte: Wenn Sie Ihren persönlichen Lieblingsfundort nicht unter den Top Ten finden sollten, werden Sie bitte nicht abtrünnig. Bleiben Sie bei Ihrer Wahl! Hier aber lesen Sie, was es allgemein über wichtige Funde und Fundorte Wissenswertes gibt.

Nun, es ist schon wahr; jedes Land hat so seine eigenen Fundstellen besonders schöner Calcite. Wir haben aber bereits mit den extraLapis-Ausgaben No. 8/Silber und No. 11/Pyrit Erfahrungen mit „Hitlisten" gesammelt und stellen mit jedem Einstieg in eine neue fest, daß je nach Spezies neue Maßstäbe anzulegen sind. Doch es gibt auch erstaunliche Parallelen.

Vergleichen wir die Bedeutung von Pyrit und Calcit und ziehen eine erste Bilanz, sticht zunächst ihre enorme weltweite Verbreitung hervor. Diese Präsenz verdanken beide einer gleichartigen Überlebensstrategie: Pyrit und Calcit können eben unter extremen Bildungsbedingungen – von sehr niedrigen bis zu hohen Drucken und Temperaturen – von der Erdoberfläche bis in relativ große Erdkrustentiefen in den verschiedensten Gesteinsarten stabil bleiben!

Deshalb wandelt sich ein an der Erdoberfläche gebildeter Kalkstein beim Eintauchen in die Tiefen der Metamorphose noch lange nicht um; er erfährt allenfalls eine Kornvergröberung und wird zu dem begehrten Marmor.

Erst in der sogenannten Blauschieferfazies (Temperaturen um 400°C und Drucke ab 10 Kilobar) tritt an die Stelle des Calcits die Hochdruckmodifikation Aragonit. Steigt der frisch gebackene Aragonit wieder auf, wandelt er sich an seiner Stabilitätsgrenze wieder in Calcit um. Deshalb ist anorganisch gebildeter Aragonit bei uns an der Erdoberfläche so selten.

Aus „Record" und „Lapis"

Weitere Gemeinsamkeiten der Kandidaten Pyrit und Calcit entdeckt man beim Studium der Gesamtverzeichnisse internationaler Fachzeitschriften. Hierzu lassen wir wieder den Index des Mineralogical Record (1970 bis 1994, über 24 Jahre) und das Lapis-Gesamtverzeichnis (1976 bis 1992, über 16 Jahre) zu Wort kommen. Jede Beschreibung oder Erwähnung von Calcit einer bestimmten Lokalität (Grube, Steinbruch, Aufschluß) kann als das Maß für die Publikationswürdigkeit eines Fundes oder Befundes gewertet werden. Das bedeutet: je mehr Nennungen, desto populärer und wichtiger die Fundregion.

Der Record liefert knapp 300 verschiedene Fundorte mit Calcit-Beschreibungen und Erwähnungen. Diese Zahl ist weitgehend identisch mit der des Pyrits. Von den genannten Fundstellen liegen wiederum wie bei Pyrit fast die Hälfte in den USA. Knapp 100 Calcit-Vorkommen sind mit einem oder mehreren Fotos dokumentiert.

Die Zeitschrift Lapis bringt es auf rund 200 Nennungen mit fast 80 Fotos von Calciten verschiedener Lokalitäten. Unter Berücksichtigung der kürzeren Zeitspanne, die das Lapis-Gesamtverzeichnis abdeckt, ergibt sich bei dieser Statistik für beide Magazine eine verblüffende Übereinstimmung.

Masse, Klasse und Klassik

Weiterhin kann ähnlich wie bei Pyrit festgestellt werden, daß eine riesige Calcit-Lagerstätte oder gar ein ganzes Gebirge aus Kalkstein noch lange keine sammelwürdigen Kristallisationen hervorbringen muß. Daher sollte für den Wettbewerb unter den „Top Ten" von vorne herein klar sein, ob eine Fundregion die Wunschträume nach Masse, Klasse und auch Klassik erfüllen kann oder nicht.

Die zweifelsohne schwierige Top Ten-Rangfolge haben wir durch das Urteil erfahrener Sammler und Händler ermittelt. Folgende Experten haben mitgearbeitet: Helmut Brückner (Müllheim), Dr. Ulrich Burchard (Freising), Herb Obboda (New Jersey), Christian Weise (München), Dr. Hans-Jürgen Wilke (Eppertshausen), Victor Yount (Warrenton) sowie Walter Hess (Effretikon). Alle gaben uns ihre persönliche spontane Hitliste aus ihrer Jahrzehnte langen Erfahrung heraus preis.

Das Ergebnis ist, wie zu erwarten war, nicht einhellig. Dennoch hat sich ein harter Kern der Favoriten deutlich herausgeschält: Cumberland mit seinen prachtvollen Funden ist zwar ein historischer Fundort, der heute nichts mehr liefert – doch China, erst seit kurzem ein Herkunftsland schöner Calcite, hat mit seiner unglaublich hohen Qualität auf Anhieb Platz 8 erobert, also einige hundert Fundstellen glatt überrundet.

Welche Kriterien wandern einem Sammler und einem Händler bei der Aufstellung einer solchen spontanen Hitliste durch den Kopf? In zwangloser Reihenfolge sind dies:

– **Begehrtheit der Klassiker:** historisch bedeutende Fundregionen, die

Jahrzehnte oder gar Jahrhunderte lang Superfunde geliefert haben. Heute sind sie oft nur noch in Museen oder alten Privatsammlungen zu sehen.

– **Lieferfähigkeit** einer Fundregion mit Masse und Klasse früher und heute. Sind Stufen klassischer Fundorte auch heute noch erhältlich?

– **Attraktivität, Ästethik** mit ihren vielfältigen Kriterien: Die *Farbenvielfalt* wird meist hervorgerufen durch Spurenelemente oder Fremdeinschlüsse. *Durchsichtigkeit und Glanz* (z. B. Veredlung eines Calcits durch Einschlüsse von ged. Kupfer oder Sekundärmineralien) und *Innenreflexe* (entlang von Spaltebenen). Die *Ausbildungsvielfalt* entsteht durch schwankende Bildungsbedingungen; sie umfaßt Tracht, Habitus sowie Zwillingsbildungen. *Kristall- und Stufengröße*, das heißt die Sammelbarkeit handlicher Stufen (nicht sammelbar sind z. B. die legendären Riesendrusen der Eisengrube Gonzen in der Schweiz oder von Galena, Kansas).

Auch in allen Gassen

Ganz unbeabsichtigt ergab sich aus der Zusammenstellung der „Top Ten“ ein erstaunlicher Tatbestand: Querbeet sind so ziemlich alle Genese-Typen vertreten. Kein einziger Entstehungstyp drängt sich in die erste Reihe. Prächtige Calcite wachsen nicht nur überall auf der Welt, sondern auch bei unterschiedlichsten Bildungsbedingungen und Wachstums-Nachbarn. Die „Top Ten“ der Reihe nach, genetisch:

1. Cumberland (Cumbria): metasomatische Eisenlagerstätte in Karbonaten,
2. Tennessee, Elmwood: karbonatgebundene Pb-Zn-Erzlagerstätte vom Mississippi Valley Type,
3. Harz: hydrothermale Pb-Zn-Ag-Gangmineralisationen,
4. Dal'negorsk: polymetallische Erzlagerstätte in Carbonatserien und in Skarnen,
5. Mexiko: epigenetische, karbonatgebundene Pb-Zn-Ag-Cu-Au-Lagerstätten und hydrothermale Ganglagerstätten,
6. Tsumeb: Pb-Zn-Cu-Erzkörper in Dolomit,
7. Indien: mineralisierte Drusen in den Dekkan-Basalten,
8. China: polymetallische Lagerstätte
9. Erzgebirge: hydrothermale Pb-Zn-Ag-U-Gangmineralisation,
10. Michigan: Cu-Ag-As-Mineralisation in Basalten und Konglomeraten.

Es gibt sie also so gut wie überall, die begehrenswerten Calcit-Funde.

Klassiker, Senkrechtstarter

Bei Beurteilung einer Top Ten-Hitliste dürfte unbestritten bleiben, daß man die längst geschlossenen Gruben von Frizington in Cumberland oder von St. Andreasberg im Harz nicht mit den brandaktuellen Senkrechtstartern Dal'negorsk, GUS oder Hunan, China auf eine Stufe stellen kann.

Was kann der Klassiker St. Andreasberg dafür, daß seine letzte Quelle von Traumstufen, die Grube Samson, schon um 1910 für immer schließen mußte? Trotzdem: Seine Calcite sind und bleiben die große Zierde jeder Sammlung.

Und was kann der Klassiker Dal'negorsk dafür, daß seine sagenhaften Calcit-Stufen erst mit dem Erscheinen des Sammlers Vladimir Pelepenko im Jahre 1988 auf den Mineralientagen München (Jahresthema „Wer sammelt, macht Geschichte“) von uns bewundert, geschweige denn erworben werden konnten? Dementsprechend konträr fallen auch die Sichtweisen der Händler und Sammler aus.

Eine weitere Frage stellt sich wiederholt das Publikum von heute: Was hat der Liebhaber von Calciten vom Ruhm einer Fundstelle, wenn auf einer Durchschnittsbörse nicht eine einzige Stufe aus St. Andreasberg oder Cumberland zu haben ist?

Bedauerliche Realität für den einen, erfreuliche Entwicklung für den anderen: Auf den Verkaufstischen ist ein zunehmend reichhaltiges aber einseitiges Calcit-Angebot mit den Senkrechtstartern China, GUS und USA vertreten. Gut möglich, daß wir im kommenden Jahr bereits die Top Ten neu bestimmen müssen.

Platz	*H. Brückner*	*U. Burchard*	*W. Hess*	*H. Obodda*	*C. Weise*	*H.-J. Wilke*	*V. Yount*	*Summe*
1	Dal'negorsk	Cumberland	Cumberland	Cumberland	Cumberland	Cumberland	Dal'negorsk	**1. Cumberland**
2	Tennessee	Tennessee	China	Andreasberg	Tennessee	Tennessee	Cumberland	**2. Tennessee**
3	Andreasberg	Chihuahua	Tennessee	Erzgebirge	Andreasberg	Andreasberg	Tsumeb	**3. Andreasberg**
4	Cumberland	Andreasberg	Tsumeb	Dal'negorsk	Island	Tri State District	Indien	**4. Dal'negorsk**
5	Tsumeb	Indien	Shaba, Zaire	Tennessee	Indien	Dal'negorsk	Mexiko	**5. Mexiko**
6	Chihuahua	Erzgebirge	Malmberget	Chihuahua	Kasachstan	Chihuahua	Tri State Dist.	**6. Tsumeb**
7	Bisbee	Michigan	Dal'negorsk	China	Dal'negorsk	Kasachstan	Andreasberg	**7. Indien**
8	Alpine Klüfte	Güöngyösorozi	Island	Tsumeb	Tsumeb	Michigan	Iraí	**8. China**
9	Erzgebirge	Dal'negorsk	Mexiko	Michigan	Chihuahua	Tsumeb	China	**9. Erzgebirge**
10	Indien	Tsumeb	Indien	Indien	Michigan	China	Bulgarien	**10. Michigan**

Diese Liste zeigt das Ergebnis der Befragung von „alten Hasen“, erfahrenen Sammlern und Händlern, durch deren Hände zahllose Calcit-Stufen wanderten. Sie ist eine Momentaufnahme, die den aktuellen Stand der Bedeutung von klassischen Calcit-Fundstellen sowie von aktuellen Calcit-Angeboten auf dem Sammlermarkt darstellt. Die Reihenfolge der Top Ten dieses Artikels wurde durch die Summe der Plazierungen ermittelt (Platz 1 = 10 Punkte, Platz 2 = 9 Punkte etc.).

1. Cumberland

Immer noch die Nr. 1 der Calcit-Fundorte, und das, obwohl dieses Fundrevier historisch ist; es liefert heute nicht mehr. Trotzdem: herrliche Kristalle, zahlreiche Kristallformen und Zwillingsbildungen (siehe Seite 18).

Wichtigste Minen im Lake District, Egremont in West-Cumbria (früher: Cumberland): Beckermet Mine, Florence Mine, Haile Moor Mine, Bigrigg Mine; Crowgarth Mine, Frizington, Gillfoot Mine.

Geschichte: Das Eisen des Egremont-Distriktes wurde bereits von den Römern ausgebeutet. Zwischen 1870 und 1890, in den „Gründerjahren", war die Hauptblütezeit. Manche Gruben waren noch bis vor wenigen Jahren in Betrieb. Abbau bis in 700 m Tiefe.

Funde: Kristalle meistens wasserklar und oft wie Diamanten glänzend; besondere Licht- und Glitzereffekte mit Regenbogenfarben durch zahlreiche Innenreflexe. Herrliche Zwillingsbildungen, unter anderem die berühmten „Butterfly Twins".

Winzige Einschlüsse von Hämatit färben manche Calcite rotbraun, Goethit gelbbraun. Ganze Pseudomorphosen von Hämatit nach Calcit. Kristalle formenreich: oft langgestreckt durch unterschiedlich steile Rhomboeder und Skalenoeder, oft mit Prismen kombiniert. Als „Pencil ore" (Bleistift-Erz) bezeichnete man extrem langgestreckte Calcit-Kristalle.

Entstehung: Metasomatische Eisen-Lagerstätte: Absinkende Fe-reiche Lösungen haben Kalksteine metasomatisch verdrängt. Haupterz ist Hämatit zusammen mit etwas Goethit und Hydrohämatit.

Die Erzkörper bilden Gänge, Linsen, Schläuche und unregelmäßige Verdrängungskörper in den Kalksteinen des Unterkarbon (Dinant). Sie sind schwach gefaltet, teils stark gestört und zerbrochen.

Minerale: Hämatit als der berühmte Rote Glaskopf; in Drusen auch gute Kristalle. Wichtigste Gangart ist Baryt (hervorragende Funde, meißelförmig, weiß, oliv, weingelb, zart blau); Quarz ist im ganzen Erzkörper eine verbreitete Imprägnation; ferner Calcit, Fluorit und Dolomit. Akzessorisch erscheinen Galenit, Pyrit, Arsenopyrit und Chalkopyrit.

2. Elmwood

Stellvertretend für alle berühmten Calcit-Fundorte im Zentrum der USA: ein riesiges Fundgebiet mit außerordentlich großer Vielfalt! Die berühmtesten Funde stammen von Elmwood.

Wichtigste Regionen: *Tri State-District* mit Joplin/Missouri, Galena/Kansas und Pitcher/Oklahoma; der *Central Tennessee Zinc-District* mit Elmwood, Gordonsville, Stonewell und Cumberland; der *Illinois-Kentucky-Fluorite-District* („Rosiclaire") mit Annabel Lee, Minerva #1 und Denton Mine. Im Folgenden wird stellvertretend nur Elmwood vorgestellt.

Geschichte: Die Pb-Zn-Lagerstätten des „MVT" (s. u.) sind seit Mitte des 19. Jahrhunderts erschlossen. Elmwood-Gordonsville wurde erst 1963 bei der Erdölprospektion entdeckt. Februar 1967 durchbohrte man den ersten Reicherzkörper.

Funde: Brillante Kristalle bis einen halben Meter groß, meist Skalenoeder-Doppelender, oft Zwillinge nach der Basis. 3 Generationen sind nach ihrer Farbe unterscheidbar:

1. (frühe Generation) weiß, einfache Skalenoeder; dann die
2. (Hauptgeneration) milchig-weiß bis lavendelfarben, rosa; dann die
3. (späte Generation) bernsteinfarben,

CUMBERLAND · 14 CM HOCH · SAMMLUNG BILL LARSON · FOTO JEFF SCOVIL

goldgelb, cognacfarben, gelborange. Farbzonarbau: außen intensiver als innen. Kohlenwasserstoff-Einschlüsse häufig. In Drusen von Brekzien idiomorphe Calcite auf Sphalerit, Fluorit, Dolomit und Quarz.
Mitte 1980 überragende Calcit-Funde in 360 m Tiefe: In drei großen Hohlräumen mit bis zu 6 m Länge und 1 m

1. Magmatisch gesteuerte Lagerstätten sind durch intrusionsnahe, diskordante Geometrie mit reichlicher Skarnbildung gekennzeichnet. Dunkle Sphalerite, hohe Ag-Gehalte, erhöhte Cu- und Au-Gehalte.
2. Durch Salzlösungen in Sedimentbecken gesteuerte Lagerstätten: Es fehlen Intrusionskörper, die Geometrie

vor rund 35 Millionen Jahren, also lange nach der Hauptmineralisation. Die Sulfide wurden durch eine Fluidmischung aus metallführenden Beckenwässern und dem H_2S der organischen Bitumenverbindungen am Ort erzeugt. Nebengesteine sind stark brekziöse und veränderte Carbonatgesteine aus dem unteren Ordovizium.

Elmwood Mine, Tennessee · 8,2 cm breit · Sammlung Bill Severance · Foto Jeff Scovil

Höhe mehrere tausend Stufen mit bis zu 200 kg Gewicht. Durch modernste Abbaumethoden heute nur noch geringe Stufenausbeute.
Entstehung: Man unterscheidet ganz allgemein zwei Typen des karbonatgebundenen „Mississippi-Valley-Type" (MVT):

ist vorherrschend konkordant; keine Skarne. Helle Sphalerite, kein Pyrrhotin, niedrige Ag- und Cu-Gehalte, viel Baryt, ausgedehnte Einsturzbrekzien, typische Hohlraumfüllungen.
Die Hauptmineralisation hat ein Alter von rund 260 Millionen Jahren.
Die schönsten Calcite kristallisierten

Minerale: Elmwood ist arm an Mineralarten; Calcit, Fluorit, Baryt, drusiger Quarz und Dolomit als Nichterze; Galenit, Sphalerit, Pyrit und Pyrrhotin als Erzminerale. Verbreitet sind kleine Bitumentropfen in und auf Carbonaten.
Literaturempfehlung: Mineralogical Record 28, No. 1, 1997

3. St. Andreasberg

Zweifelsfrei das wichtigste deutsche Calcit-Vorkommen mit einer großen Zahl außerordentlicher Funde; weltweit in allen alten Sammlungen. Mit Cumberland teilt es sich einen wesentlichen Nachteil: Das Fundgebiet ist heute rein historisch.

1487; bis heute unterscheidet man vier große Abbauperioden. Zeitweise waren bis 116 Zechen in Betrieb. 1910 wurde die letzte Grube stillgelegt, 1912 die letzte Hütte.

Funde: Kristallformen und Kombinationen an Andreasberger Calciten zu zählen, ist müßig. Bestimmt wurden bisher 144 einfache Formen sowie 391

positenspat), Linsenspat, Honigspat, Schweinszähne, Zweckenknöpfe, Krähenaugen und viele andere.

Calcit ist die häufigste Gangart; oft bildet er reine „Spatgänge“. Der Formenreichtum entstand durch viele Mineralisationsschübe, von denen 5 zu den für St. Andreasberg charakteristischen Mineralisationen wurden. Man fand

St. Andreasberg · 25 x 20 cm · Universität Clausthal-Zellerfeld · Foto Werner Lieber

Wichtigste Bergwerke: „St. Andreasberg“, sicherlich eine Hauptquelle für Calcit, steht hier stellvertretend auch für die Reviere Neudorf, Iberg, Bad Grund und Clausthal-Zellerfeld. Auf allen fand man treffliche Calcite.

Geschichte: Die erste Urkunde über bergbauliche Aktivitäten datiert auf

Kombinationen. Fast alles scheint hier realisiert, inklusive Zwillinge.

Bergleute und Sammler entwickelten für die Calcite über die Jahrhunderte hinweg eine Fülle bildhafter Namen: Nadelspat, Blätterspat, Papierdrusen, Spindelspat, Kanonenspat, Würfelspat, Stengelspat, Atlasspat (= Com-

Kristalle bis zu 1 m Kantenlänge in vielen verschiedenen Farben.

Entstehung: Die hydrothermalen Pb-Zn-Erzgänge des Harzes sind an NW-SE-streichende Scherzonen gebunden. Die häufigsten Nebengesteine sind Grauwacken, Kalksteine, Tonschiefer und saure bis basische Vulkanite. Die

Metalle Pb-Zn-Ag-Cu-Sb-As wurden wahrscheinlich vor 250 bis 180 Millionen Jahren aus tieferliegenden Stockwerken des paläozoischen Sedimentpakets durch Auslaugung mobilisiert und später in hydrothermalen Gängen schubweise angereichert. Die Bildungstemperaturen werden zwischen 250 ° und 300 ° Celsius angenommen.

Minerale: Mit über 230 Spezies zählt das Revier zu den artenreichsten Mineralvorkommen. Weltberühmt wurden vor allem Silberminerale, Zeolithe sowie auch die speziellen Fluorite.

Literaturempfehlung: Lapis-Themenheft St. Andreasberg, 7/8, 1989. Außerdem: Georg Gebhard: Harzer Bergbau und Minerale St. Andreasberg; Verlag Christel Gebhard-Giesen, Reichshof 1988.

4. Dal'negorsk

Die Fundregion Dal'negorsk („die fernen Berge") im Osten Sibiriens, an der Japanischen See, brachte vor allem in der jüngeren Zeit spektakuläre und einmalige Calcit-Stufen hervor, die der Vielfalt von Cumberland keineswegs nachstehen.

Wichtigste Bergwerke: Der Dal'negorsker Lagerstättenbezirk baut eine polymetallische Erzlagerstätte ab, die in Skarnen liegen.

Es gibt zwei große (Erste und Zweite Sowjetmine) und eine kleine Grube (Nikolai, Nikolejew). Daneben wird in einem großen Tagebau, dem Boron-Pit, eine Borsilikat-Skarn-Lagerstätte ausgebeutet.

Geschichte: Dal'negorsk war früher bekannt als „Tetiuhe" oder „Tetjhe", ein chinesisches Wort unbekannten Ursprungs. Die Bezeichnung taucht auch hin und wieder auf neuen Fundortetiketten als „Tetiuhe Mine, Dal'negorsk" auf.

Die Gruben wurden um 1890 von einer deutschen Bergbaugesellschaft an Zar Nikolaus verpachtet. Nach der russischen Revolution führte eine englische Gesellschaft, die Tetiuhe Mining Company, den Abbau weiter. In den 30er Jahren ging das gesamte Minenareal an Rußland zurück, und im Zuge der letzten russisch-chinesischen Konfrontation wurde endgültig der Name Dal'negorsk eingeführt.

Funde: Herausragende Calcit-Funde mit brillant glänzenden Flächen und oft durchsichtig klaren Kristallen. Neben farblos-klaren Kristallen findet man auch milchig-weiße, gelbliche bis zart blaue Calcite.

Man unterscheidet im Wesentlichen zwei Generationen: Auf der älteren, milchig-weißen Generation sitzen wie überzuckert Prismen und steile Skalenoeder; es gibt auch sehr schöne Zwillingsbildungen und Parallelverwachsungen.

Dal'negorsk · 7 cm hoch · Sammlung Dave Bunk · Foto Jeff Scovil

Entstehung: Die Dal'negorsker Erzlager bilden einen Teil der paleozänen, polymetallischen Pribrezhnyi-Provinz von Primorye; sie zählt zu dem Ost-Sikhote-Alin-Vulkanitgürtel. Die Blei-Zink-Vererzungen mit Blei-, Zink-, Kupfer-, Eisen- und Arsensulfiden sind hauptsächlich an Carbonatgesteine und Skarne gebunden – und daher stammt auch der Calcit.

Minerale: Erzminerale sind vor allem Galenit, Sphalerit, Pyrit, Pyrrhotin, Markasit, Chalkopyrit, Tetraedrit, Stannit und Arsenopyrit. Gangarten sind vor allem Quarz (auch als Chalcedon und Opal), Calcit, Siderit, Hedenbergit und Fluorit.

Literaturempfehlung: Apollon E. Lisitsyn, Svetlana V. Malinko: The Dal'negorsk Boron District, a Unique Mineralogical Object; in Mir Kamnia-World of Stones, 4/1994, S. 30 ff.

5. Mexiko

Einige Erzreviere Mexikos lieferten Weltspitzen-Calcite, und zwar bereits vor über 100 Jahren. Aber auch heute noch überrascht Mexiko immer wieder durch faszinierende Funde.

Wichtigste Reviere: 7 Lagerstättenbezirke sind besonders Calcit-trächtig: *Chihuahua*: Santa Eulalia und Batopilas, Compania Fresnillo, Unidad Naica (Ramon Corona, Dolores, Maravillas und Gibraltar); *Durango*: Mapimi, Velardena und die Mina Ojuela; *San Luis Potosi*: Charcas (mit La Bufa und San Sebastian); *Zacatecas*: Concepcion del Oro-Distrikt (mit Aranzazu, San Carlos, El Cobre und Santa Rosa); *Guanajuato* mit Valenciana; *Hidalgo*: Pachuca, Real del Monte-Distrikt, Zimapan; *Guerrero* mit Taxco.

Geschichte: Die gigantische Au-Ag-Provinz erstreckt sich vom Nordwesten (Chihuahua) bis in den Südosten (Guerrero) von Mexiko. Über 1000 km lang ziehen die Erzlagerstätten durch die Sierra Madre Occidental: die größte Silberanreicherung der Erde. Abbau schon vor Kolumbus; seit dem 16. Jh. systematische Ausbeutung der Lagerstätten. Heute sind nur noch wenige Gruben in Betrieb.

Funde: Berühmt wurden bis 10 cm große skalenoedrische Kristalle, teils tafelig, von San Luis Potosi sowie bis 10 cm große, schneeweiße bis zart grün gefärbte Skalenoeder und glasklare Kanonenspäte von Zacatecas; große, rosa Butterfly-Zwillinge von Guanajuato; Gruppen bis über 20 cm groß. Dies nur ein paar Beispiele, es gab Tausende prächtiger Calcite.

Entstehung: Im Wesentlichen sind es epigenetische, Carbonat-gebundene Pb-Zn-(Ag-Cu-Au)-Lagerstätten. Im Oberen Jura bis zur Mittleren Kreide wurden Kalksteine abgelagert; die Vererzung von Guanajuato erfolgte im Mittleren Tertiär. Es entstanden Anreicherungen in Skarnen und massive Sulfiderzkörper. Zwei Arten von Mineralisationen herrschen vor: Verdrängungen und Hohlraumfüllungen. Die Calcite bilden späte Hohlraum-, Kluft- und Brekzien-Füllungen.

SAN MARTIN, ZACATECAS · 4,5 CM BREIT · COLL. TOP GEM · FOTO JEFF SCOVIL

Minerale: Gangarten sind Calcit, Dolomit, Quarz (Chalcedon, Amethyst) und Gips, auch Rhodochrosit, Rhodonit und Fluorit. Primäre Sulfide sind Galenit, Sphalerit und Pyrit, aber auch Pyrrhotin, Markasit, Arsenopyrit, Chalkopyrit, Akanthit und Fahlerze.
In den Drusen fand man neben Calcit

auch Adular, Amethyst, Argentit, Polybasit, Proustit, Pyrargyrit, Stephanit, Milarit, ged. Silber, Bournonit, Antimonit, Zinnober, Molybdänit u. a.
Literaturempfehlung: William D. Panczner, Minerals of Mexico. Van Nostrand Reinhold, New York 1987.

6. Tsumeb

Auch ein historisches Vorkommen, aber man fand Tausende bester Stufen. Besonders in den 70er Jahren kamen viele Calcite auf den Markt.
Geschichte: Erste Erkundungsarbeiten am „Grünen Hügel“ Anfang 1893 durch den Engländer Mathew Rogers; am 6. April 1900 Gründung der Otavi Minen- und Eisenbahngesellschaft: ab 1907 erste Produktion, zunächst im Tagebau, ab 1909 auch Tiefbau.
1953 entdeckte man in 800 m Teufe eine zweite Oxidationszone. Noch 1990 arbeiteten 2500 Angestellte in Bergbau, Hütte und Aufbereitung. Am 30. Juni 1996 wurde die Grube aufgelassen. Größte erreichte Teufe: 1800 m!
Funde: Primäres Carbonat der Lagerstätte ist Dolomit. Calcit gehört zu den häufigsten Sekundärmineralen; mehrere Generationen von oft nur wenigen Zentimeter großen Kristallen, aber auch Individuen bis 20 cm.
Vorherrschend ist das Grundrhomboeder; Skalenoeder, Prisma und Basis sind seltener; auch flächenreiche Kristalle. Oft sind die Calcite farblos und wasserklar, milchig weiß und gelblich bis bräunlich. Co-Ionen färben die Calcite rosa, Cu-Ionen tief blau. Einschlüsse von Hämatit und anderen Mineralen ergeben rotbraune, gelbliche, bläuliche und grüne Calcite.
1990 entdeckte man in 1440 m Teufe den „Kristallpalast“ (8 m lang, 5 m breit, 3 m hoch), fast vollständig mit Calcit-Kristallen ausgekleidet.
Bemerkenswert ist auch der Tarnowitzit von Tsumeb: ein Aragonit mit feinverteilten Cerussit-Einschlüssen.
Entstehung: Flacher, schlauchartiger Cu-Pb-Zn-Erzkörper mit einem mittleren Durchmesser zwischen 80 x 25 m und 180 x 70 m. Der Erzkörper liegt in einer Wechselfolge aus grauem Dolomitschiefer, teils oolithisch, mit Hornsteinlagen, Grauwacken und feldspatführenden Quarziten. Die Carbonatgesteine haben tiefgründig ausgewaschene Karstschlotten, die mit Sand, Gestein und mit Erzen gefüllt sind. Die Verkarstung schuf die Wege für differenzierte hydrothermale Lösungen; die Erzminerale wurden oftmals aufgelöst und wieder ausgefällt.
Minerale: Mit über 250 Spezies zählt es zu den artenreichsten Vorkommen; 45 Minerale sind Erstbeschreibungen, davon wurden 32 bislang nur in Tsumeb gefunden! Weltberühmt wurden auch Arurit, Malachit, Cerussit, Mimetesit, Wulfenit, Anglesit und Dioptas.
Literaturempfehlungen: Lapis-Doppelheft von August/September 1984 und Mineralogical Record, 8/3, 1977. G. Gebhard, Tsumeb, eine deutsch-afrikanische Geschichte; Verlag Christel Gebhard-Giesen, Reichshof 1991.

TSUMEB · 4 CM HOCH · SAMMLUNG MARSHALL SUSSMANN · FOTO JEFF SCOVIL

7. Indien-West

Indien bringt vor allem in der Neuzeit herausragende Calcit-Funde hervor: schön und formenreich.

Wichtigste Steinbrüche in der Region um Nasik und Shakhur (Panduleni Hill, Eklara, Sinnas), Poona (Pashan Hills, Wagholi) und Bombay (Khandivali, Malad/Kurar, Dahisar). Es sind über 120 Fundstellen bekannt, auf gut der Hälfte fand man Calcite!

Geschichte: Diese Mineralisationen sind seit Mitte des 19. Jahrhunderts bekannt. Man entdeckte riesige Drusen beim Bau der Eisenbahnstrecke von Khandhala Ghat nach Poona und von Kasara Ghat nach Nasik.

Funde: Große Variationsbreite, von einfachen, flachen Rhomboedern bis zu flächenreichen Kristallen; vorherrschend steile Skalenoeder; tafeliger, langprismatischer und würfeliger Habitus. Skalenoeder-Zwillinge nach der Basis, aber auch andere Zwillingsbildungen. Die Calcite sind teils farblos und wasserklar, aber auch gelb, braun, dunkelgrün und schwarz; man fand auch deutlich zonare Färbungen.

JALGAON, MAHARASCHTRA · Calcit 7,5 CM HOCH · SAMMLUNG VICTOR YOUNT · FOTO PAMELA ZILLY

Entstehung: Die Dekkan-Basalte im Westen Indiens stammen aus der Kreidezeit und aus dem Tertiär; die ausgedehnten Lavaströme weisen Mächtigkeiten bis zu 1500 m auf. An einigen Stellen zeigen sie besonders blasenreiche Partien, die später hydrothermal mit Mineralien gefüllt wurden.

Calcit ist meist die jüngste Generation der Drusenfüllungen. In der 1. Phase kleideten Minerale wie Seladonit und Delessit die Wände der Drusen aus; in der 2. Phase folgten Quarzmineralisationen (Chalcedon, Achat, Amethyst); die 3. Phase brachte vor allem Zeolithe in großer Vielfalt hervor; schließlich setzten sich in der 4. Phase noch Gyrolith, Okenit, Apophyllit, Chabasit, Aragonit und Calcit ab, letzterer oft in zwei Generationen.

Minerale: Neben Calcit und Aragonit vor allem Laumontit, Natrolith, Skolezit, Mesolith, Heulandit, Stilbit, Mordenit, Chabasit, Gyrolith, Okenit, Amethyst und Apophyllit – für letztere wurde die Region weltberühmt.

Literaturempfehlung: In Lapis März '98 gab es von Berthold Ottens einen ausführlichen Bericht über die Dekkan-Basalte: „Leckerbissen – nicht nur für Calcit-Sammler".

8. China

Der Aufsteiger: innerhalb von kürzester Zeit hat China fast alle bisherigen Calcit-Quellen an Vielfalt, Schönheit und an reichlicher Lieferung überrundet! Doch ist noch nicht allzuviel Genaues über Funde und Lagerstätte bekannt geworden.

Am schönsten sind allerdings die prächtigen Zwillinge (nach unterschiedlichen Gesetzen). Die Calcite sitzen oft auf einer Matrix aus einem älteren Calcit, vermischt mit mehr oder weniger dichtem Hämatit. Als Begleitmineral taucht auch Fluorit in herrlichen grünen Kristallen auf.
Die Paragenese sowie der Charakter

GUIYANG, HUNAN · 7 CM HOCH · SAMMLUNG DAVE BUNK · FOTO WERNER LIEBER

Als Fundstellen gelten Guiyang und Xuang Hua Lin – eine andere Schreibweise oder Lokalität wird Shan Hua Pu geschrieben – bei Chen Zhou in der Provinz Hunan.
Verblüffend ist vor allem die Vielfalt der Calcite; es gibt flachrhomboedrische, nadelige, skalenoedrische und viele andere Formen. Sie sind außerordentlich leuchtend, und manche sind durch Hämatit auffallend rot gefärbt.

der Funde – glänzende Kristalle und reichhaltige Zwillingsbildung – weist auf den Zusammenhang mit den Lagerstätten im polymetallischen Erzgürtel der Provinz Hunan hin.
Die ersten Stufen dieses Fundes tauchten erst 1997 auf dem Markt auf, zunächst in Tucson, und man darf gespannt sein, was alles auf den vielversprechenden Anfang folgt (siehe auch das Titelbild dieser Ausgabe).

9. Erzgebirge

Ausgedehntes, klassisches Erzrevier, das über Jahrhunderte hinweg eine große Vielfalt an Calcit lieferte. Zählt heute zu den historischen Quellen.
Wichtigste Bergwerke: Das gesamte Revier des sächsisch-böhmischen Erzgebirges sei hier auf der deutschen Seite repräsentiert durch Freiberg, Schneeberg, Joachimsthal und Hartenstein bei Aue, auf der tschechischen Seite durch Jachimov und Příbram. Dutzende von Gruben wären hier als Fundorte schöner Calcite zu nennen.
Geschichte: Der erste Hinweis auf Bergbau stammt aus dem frühen Mittelalter. Es gibt mehrere Abbauphasen, je nach dem, was an Rohstoffen gerade gebraucht wurde: früher vor allem Silber und Blei, später auch Cobalt, in der Neuzeit vor allem Uran.
Man baute die Lagerstätten über ein viele tausend Kilometer langes Stollensystem ab; der Uranschacht Nr. 16 (Uranrevier Příbram) war mit 1838 m Teufe der tiefste Bergbau Europas. 1991 wurde die letzte Grube des großen Reviers stillgelegt.
Funde: Bis über 30 cm groß wurden die Calcit-Kristalle in den Drusen des Erzgebirges und in Příbram. Sie sind formen- und flächenreich mit zahlreichen Kombinationen; Rhomboeder sind vorherrschend, Prismen und Skalenoeder erscheinen untergeordnet. Es gibt sie in Farblos, Weiß, Gelb, Rot, Orangerot, Braun und Schwarz. Man öffnete Kristalldrusen mit über 100 Kubikmetern, voll besetzt mit Calcit-Kristallen.
Funde aus den Uranerzgängen zeigen Calcite typischerweise vor allem als Skalenoeder; sie sind rosa, violett, gelblich bis rotbraun, aber auch farblos klar. Man unterscheidet insgesamt sechs Wachstumsgenerationen.
Entstehung: Die Erzgänge haben ein Alter von rund 270 Millionen Jahren. Die hydrothermale Gangfüllung in Freiberg geschah in zwei Haupt-Mineralisationszyklen vom Oberkarbon (280 Mio) bis ins Tertiär (50 Mio). Die schönen Kristalle in den Drusen stellen die jüngsten Bildungen dar.
Minerale: Mit über 200 Spezies zählen die Reviere zu den artenreichen Vorkommen. Berühmt wurden vor allem die Silberminerale, allen voran ged. Silber, Pyrargyrit und Dyskrasit.

Hartenstein/Aue · Skalenoeder bis 1 cm · Foto S. Weiss

Aber auch von anderen Mineralen wurden herausragende Stufen geborgen, vor allem von Diaphorit, Goethit, Wurtzit, Bournonit, Stromeyerit, Pyrostilpnit, Allemontit, Polybasit und Freieslebenit.

Literaturempfehlung: Themenheft „Freiberg" von Lapis, 7/8, 1986. Emser Hefte Nr. 1, 1992.

10. Michigan

Der Lake Superior District lieferte nicht nur das legendäre Kupfer. An den Calciten begeistern vor allem die vielen Einschlüsse!

Wichtigste Reviere mit herausragenden Calcit-Funden: im *Ontonagon-County* vor allem Quincy, Adventure, Mass und Caledonia; im *Houghton-County* Pewalis und Osceola; und im *Keweenaw-County* die Kearsarge- und Ashbed-Gänge.

Geschichte: Diese weltgrößten Vorkommen von ged. Kupfer werden seit Jahrtausenden von der Urbevölkerung genutzt (die „alte Kupferkultur"). Erst 1844 begann der groß angelegte Bergbau der Neuzeit. Die berühmteste Grube, die Calumet & Hecla-Mine, schloß im Jahre 1968. Heute wird sporadisch nur noch auf Stufen geschürft.

Funde: Diese Region ist für ged. Kupfer und ged. Silber berühmt, aber es gab auch spektakuläre Calcite: bis zu 18 cm, oft flächenreich mit vielen ungewöhnlichen Kombinationen; dazu schöne Butterfly-Twins.

Die Farben reichen von Farblosklar bis zu reinem Weiß, von zartem Gelb, Graubraun, Orange und Rot bis zum Schwarz. Bemerkenswert sind die zahlreichen Einschlüsse in Calciten: ged. Kupfer, Chalkosin, Tenorit, Cuprit als faseriger Chalcotrichit, Epidot und ged. Silber. Sie sind der Hit von Michigan!

Entstehung: Die sulfidreichen Cu-As-Gänge und Lager finden sich in einer jungpräkambrischen Wechselfolge von Konglomeraten und Basalten (Melaphyren) der Keweenaw-Serie.

Bereits vor einer Milliarde Jahren kristallisierten die Kupfer- und Silbermineralisationen während der magmatischen Vorgänge aus. Calcit, Quarz und Chlorit gehören zu den jüngeren Sekundärbildungen und umschließen das Kupfer oder sitzen ihm auf. Letzte Bildungen sind vor allem Baryt und Sulfide.

Minerale: Die Matrix vieler Calcit-Stufen besteht aus rötlichem Alkali-Feldspat, Epidot und in geringen Mengen auch Pumpellyit. Hinzu kommen dann als spätere Bildungen: Datolith, Ankerit, Hellglimmer, Baryt und Sulfide sowie Kupferarsenide (Algodonit, Domeykit) und nochmals Sulfide als letzte Kluftfüllungen.

Literaturempfehlung: Mineralogical Record, Jahrgang 23, No. 2, 1992.

Kearsarge, Michigan · 3 cm breit, mit Kupfereinschluss · Foto Jeff Scovil

Keweenaw Peninsula · Calcit 7 cm, auf ged. Kupfer · Sammlung Bill Severance · Foto Jeff Scovil

Calcit-Kristalle in den Amethystdrusen

Der Sammler Reinhard Balzer aus Marburg an der Lahn war an den Fundstellen

Calcite in Amethyst-Drusen: Die Bergleute der Amethyst-Minen von Iraí im Nordwesten des brasilianischen Bundesstaates Rio Grande do Sul nahmen von diesen Leckerbissen früher keine Notiz. Ihre Aufgabe war es, soviel Amethyst wie möglich zu fördern, und zwar als Rohmaterial für die Edelsteinindustrie.

So sprengten sie in früheren Jahren ohne Rücksicht auf alle sammlerischen Aspekte die edelsteinträchtigen Drusen aus den Vulkaniten dieser Gegend heraus, zerschlugen sie und sammelten die kleinen violetten Kristalle auf, welche die Hohlräume auskleideten.

Das hat sich Anfang der 90er Jahre geändert: Man achtete nunmehr darauf, große und schön geformte Drusen komplett aus dem Gestein herauszuarbeiten: Im Mineralienhandel sind sie heute weit verbreitet. Und wenn in einer Druse ein schönes Calcit-Aggregat sitzt, freut man sich besonders: Es bringt mehr Geld. Doch reisen wir zunächst einmal nach Brasilien:

Die Deutschen in Rio Grande

Rio Grande do Sul ist der südlichste Bundesstaat der Republik Brasilien. Im Norden grenzt er an den Bundesstaat Santa Catarina, im Osten an den Atlantischen Ozean, im Süden an Uruguay und im Westen an Argentinien. Die Hauptstadt ist Porto Alegre, und der wichtigste Hafen ist der von Rio Grande.

Das Klima ist subtropisch bis gemäßigt, in den Wintermonaten kann es aber empfindlich kalt werden; in den Höhenlagen der Gebirge schneit es sogar ab und zu. Geologisch ist Rio Grande do Sul ein Teil des Paraná-Beckens, das sich in NS-Richtung vom Staat Paraná über Santa Catarina bis nach Uruguay ausdehnt.

Die Landschaft zeigt viel Ähnlichkeit mit den Mittelgebirgen in Deutschland, und so ist es nicht verwunderlich, daß Rio Grande do Sul im 18. und 19. Jahrhundert eines der bedeutendsten Auswandererländer für Deutsche war. Ein großer Teil der deutschen Auswanderer kam aus dem Hunsrück, der Eifel und der Pfalz. Noch heute spricht man dort, trotz eines Verbotes im 2. Weltkrieg, die Mundart, wie sie zur damaligen Zeit in der alten Heimat gesprochen wurde.

Zu Beginn des 19. Jahrhunderts herrschte in vielen Teilen Deutschlands, besonders im Westen, große Armut. Sie trieb die Menschen scharenweise in die Hände von Werbern, die Auswanderungen in die ganze Welt organisierten. Viel Elend, Not und Enttäuschung entstanden zusätzlich, da die Auswanderungsaktionen oft nur schlecht organisiert waren. Sie führten nicht zu dem versprochenen Ziel.

Nicht nur Armut und romantische Vorstellungen vom fernen Paradies ließen die Auswanderung attraktiv erscheinen, sondern auch, und hier zitiere ich August Meter aus seinem Buch „Auswanderung vom Hunsrück nach Brasilien“:

„Jahrzehnte lange kriegerischen Auseinandersetzungen, Raub und Plünderungen durch französische Söldnerheere, Ausbeutung des Landes durch Abgaben und Steuern sowie Zwangsrekrutierungen junger Männer zur napoleonischen Armee auf dem Weg gegen Rußland hatten unsägliches Leid über Deutschland und speziell über den Hunsrück, die Pfalz und die Eifel gebracht. So muß man die Auswanderungsgründe dieser Gegend zunächst aus der Sicht der wirtschaftlichen und politischen Zustände nach den Napoleonischen Kriegen und der Französischen Revolution betrachten.“

Die Schleifer wandern aus

Zu Beginn des 19. Jahrhunderts gingen in den kleinen Schleiferstädtchen Idar und Oberstein und in den umliegenden Dörfern die Vorräte an Rohmaterial zur Neige. Die einheimischen Minen waren erschöpft, eine weitere Ausbeute lohnte nicht mehr.

Einige Familien wanderten aus, insbesondere in den Staat Rio Grande do Sul in Brasilien, um dort in der neuen Heimat auf einem eigenen Stück Land ihr Brot zu verdienen. Die meisten Schleifer waren schon in ihrer alten Heimat Landwirte und fanden im Süden Brasiliens ideale Klima- und Bodenbedingungen. Schnell entwickelte sich eine blühende Landwirtschaft. Dank dieser fleißigen Menschen ist Rio Grande do Sul heute die Kornkammer Brasiliens. Der Siedler Gustav Stutzer schrieb 1886 nach Hause:

„Wer nicht charakterfest ist, wer Lust zum trinken und bummeln hat, soll in Deutschland bleiben. Lumpen gehen hier rascher und elender zugrunde als bei euch. In den deutschen Kolonien Südbrasiliens gilt nur der Mann, seine Tüchtigkeit und

Zum Thema machte das Mineralogisch-Petrologische Museum zusammen mit R. Balzer eine Ausstellung im Poppelsdorfer Schloß in Bonn: 31. Mai bis 27. September '98

Ab Dezember '98 wird die Sammlung Balzer im „Reich der Kristalle“ in München zu sehen sein.

von Iraí, Rio Grande do Sul, Brasilien

Eine Landschaft wie bei Idar-Oberstein
Blick von einer Calcit-Amethyst-Mine bei Iraí in die sanfte Hügellandschaft
Links: *Ein Teil der Funde kommt aus kleinen Steinbrüchen*
Rechts *ein Detail der Steinbruchwand, das jeden Sammler erfreut*
Fotos Reinhard Balzer

sein gutes Benehmen, nicht sein Stand und Herkommen, Schmach den Eltern, die ihre mißratenen Söhne über das Meer schicken, um sie loszuwerden." Und: *„Hohläugiges Elend, hungernde oder frierende Kinder kennt man hier nicht, zu essen hat jeder in Fülle."*
Im Jahre 1827 fand der Sohn eines aus dem Hunsrück ausgewanderten Schleifers durch Zufall in einem Flußbett einige Gerölle, die ihm bekannt vorkamen: Achate bester Qualität – ein Geschenk des Himmels. Schon 1834 kam die erste Sendung Achat per Schiff über den Atlantik; mit dem Lastkahn ging es rheinaufwärts und per Ochsenkarren in den Hunsrück.

Das rettete die Industrie, und die folgenden Jahrzehnte brachten einen guten Aufschwung. Ab sofort wurde systematisch prospektiert, und man fand neben den begehrten Achaten auch große Vorräte an Amethyst, Citrin, Rauchquarz und an prächtigen Edelsteinen. Seit einiger Zeit nun werden auch die schönen Calcite gefördert.

Aus der Urkraft der Vulkane

Dieses große Geschenk der Natur beruht auf der geologischen Vergangenheit. Rio Grande do Sul ist überzogen von alten Lavadecken. Teils liegen mehrere Ströme und Decken magmatischer Gesteine übereinander, die durch sedimentäre Zwischenablagerungen voneinander getrennt sind; man spricht regelrecht von Lava-Serien. Diese Serien sind unterschiedlich dick; sie können bis zu 1000 Meter mächtig sein. Das Alter der Formationen wird auf 100 bis 90 Millionen Jahre geschätzt.

In den nach der Ausgasung entstandenen Hohlräumen der Lava bildeten sich die begehrten Füllungen: vor allem Quarz in Form von Achat und Amethyst; als jüngere Bildungen erscheinen auch Calcit und Gips.

Der Bergbau in Iraí

__Links oben__ der Eingang zu einem Stollen. Im Untertage-Bau werden die schöneren Funde gemacht, da die tiefer liegenden Schichten weniger verwittert sind

__Links unten__ ein Bild aus dem Stollen. Vorsichtig prüft man durch eine kleine Öffnung, ob diese Druse zu empfindlich für eine Sprengung ist

__Rechts__ ein Blick in das Lager: Die Drusen sind mineralisierte Luftblasen in den Lavaströmen, daher die rundlichen Fließformen

Fotos Reinhard Balzer

Aus Drusen in vulkanischen Gesteinen

Eine Traumstufe von Iraí

18 x 9 cm mißt dieser „Schwimmer", der ganz aus unverletzten Calcit-Kristallen besteht

Foto Peter Brammer

Sind die Hohlräume durch Achat völlig gefüllt, werden die herausgelösten Körper als „Mandeln" bezeichnet. Sind die Hohlräume noch offen und nur die Wände mit Kristallen überzogen, spricht man von Drusen. Sie erreichen Längen bis über 4 Meter und Durchmesser bis über 1 Meter. Sind die Drusen vollständig aus dem Gestein herauspräpariert, kann man an ihrer äußeren Form gut die Fließrichtung der Lava erkennen.
Abgebaut wird sowohl untertage als auch im Tagebau. Mit einfachsten mechanischen Mitteln werden Stollen angelegt, um fündige Gesteinsschichten auch untertage weiter zu verfolgen. Als Sprengstoff dient ein selbst gemischtes Schwarzpulver. Herkömmliches Dynamit wäre viel zu stark: Die Explosionserschütterungen würden die sensiblen Calcite zerstören.
Ist man auf eine Druse gestoßen und hat sie zum Teil freigelegt, wird vorsichtig ein Loch hineingetrieben, durch das man ins Innere schauen kann. Nach genauer Prüfung, erleuchtet von einer kleinen batteriebetriebenen Lampe, wird entschieden, ob die Druse als Ganzes ausgebaut und weiterverarbeitet wird. Reicht die Qualität nicht aus, verzichtet man auf sorgfältigen Ausbau, um Zeit zu sparen.
Liegt die oberste Lavadecke dicht unter der Erdoberfläche und muß nur wenig Abraum beseitigt werden, wird übertage abgebaut. Diese Arbeit ist natürlich leichter und weniger gefährlich als der Stollenbau.

Die Calcite von Iraí

Die schönsten und größten Calcite werden im Norden von Rio Grande do Sul rund um die Städte Frederico Westphalen, Plan Alto und Iraí geborgen. Die Gesteinsschichten sind an zahlreichen Stellen aufgeschlossen; es gibt Dutzende von Fundstellen.
Die schönsten Calcite stammen aus Untertagebauten in der Umgebung von Iraí. Ihre Form ist typisch: langgezogene, skalenoedrische Kristalle, nach den beiden Enden zu oft bis zu einer Spitze verjüngt. Zahlreiche kleine Spitzen, die eng angelegt aus den Kristallflächen herausragen, erwecken

Ein ganz spezielles

manchmal den Eindruck, als wären die Kristalle aus zahlreichen kleineren aufgebaut.
Bis zu 20 cm lang können sie werden, und oft stehen sie zu bizarren Gruppen vereint in den hohlen Bäuchen der Drusen, mal wirr durcheinander, mal radialstrahlig angeordnet.
Neben dieser für Iraí und Umgebung ganz charakteristischen Calcit-Form treten auch rundlich gedrungene Formen auf; sie sind oft aus vielen kleinen Kristallen aufgebaut. Die Iraí-Calcite sind meist farblos und milchig-trüb, selten auch matt gelblich bis gelb. Ihre Flächen zeigen oft einen feinen Seidenglanz.
Auf Börsen tauchen die Calcit-Amethyst-Stufen von Rio Grande do Sul nur selten auf; es gibt keine kontinuierliche „Förderung". Man trifft nur sporadisch auf gute Funde – ein Superfund tritt nur alle paar Jahre auf.
Übrigens ist Calcit nicht das einzige Nebenprodukt der Amethystgewinnung. Man findet auch prachtvolle Gips-Aggregate in den Drusen, jedoch viel seltener. Zum Amethyst ist noch anzumerken, daß nicht jede Druse mit den klassisch violetten Kristallen besetzt ist; als große Rarität erscheinen auch rauchbraune Quarze und naturfarbene Citrine. Oft wird der Amethyst – und zwar einzelne Kristalle ebenso wie ganze Drusen – im Ofen gelb gebrannt und als „Citrin" verarbeitet und verkauft. Dabei entsteht eine charakteristisch honiggelbe Farbe, die dem, der sie kennt, sofort den Unterschied zur Naturfarbe zeigt.

Einzigartige Calcit-Funde

Oben *eine große Stufe mit bis zu 8 cm langen Calcit-Kristallen*
Foto Peter Brammer

Mitte *ein Blick ins Lager des Minenbesitzers: Frisch gefunden ist diese rund 60 cm große Stufe mit Calcit auf Amethyst*
Foto Reinhard Balzer

Unten *ein besonders schöner Calcit-Igel auf Matrix von Iraí*
Durchmesser etwa 3 cm
Foto Fa. Friedrich August Becker, Idar-Oberstein

Calcit-Kapitel

Calcite in Amethystdrusen: Das gibt es natürlich nicht nur in Rio Grande do Sul. Prinzipiell ist dies in allen geologisch vergleichbaren Vorkommen möglich. Unter Sammlern seit sehr langer Zeit hoch geschätzt sind vor allem die Funde aus dem Fischbachtal und von anderen Fundorten bei Idar-Oberstein: Man findet zum Teil sehr formenreiche Calcit-Kristalle in Amethyst- und Rauchquarzdrusen.
In früherer Zeit waren auch die Funde aus dem Zwickauer Kohlerevier berühmt (siehe Foto auf Seite 51). Doch auch die großen Amethyst-Provinzen in Uruguay (Catalan-District und andere) sowie die klassischen kugelrunden Amethystgeoden von Chihuahua in Mexiko lieferten ausgezeichnete Funde.

Zum Schluß möchte ich ganz besonders Herrn Orlando Klein aus Soledade in Brasilien danken; er war mir bei der Arbeit an den nicht immer leicht zugänglichen Minen sehr behilflich. Seinem Wissen sind viele Informationen in diesem Bericht zu verdanken.

Raritäten aus Iraí

Links *ein Calcit-Aggregat, das teilweise mit Delessit überstäubt ist. Foto Werner Lieber*

Rechts *eine prächtige Stufe mit 15 cm hohen Calcit-Kristallen. Foto Peter Brammer*

Nicht nur Iraí, *auch andere Fundstellen von Quarzdrusen bieten schöne Calcit-Funde. Hier ein langgestrecktes Skalenoeder in einer „Kokosnuß-Geode“ von Chihuahua, Mexiko. Sammlung Victor Yount*

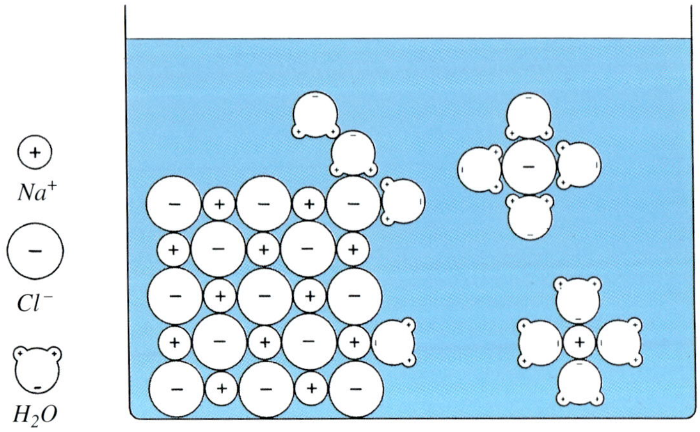

Beim Auflösen von Ionen-Kristallen, hier Kochsalz mit Na^+Cl^- in Wasser, werden die Natrium-Ionen und die Chlor-Ionen von den Wasserdipolen „umzingelt“ und so aus dem Gitter herausgelöst.

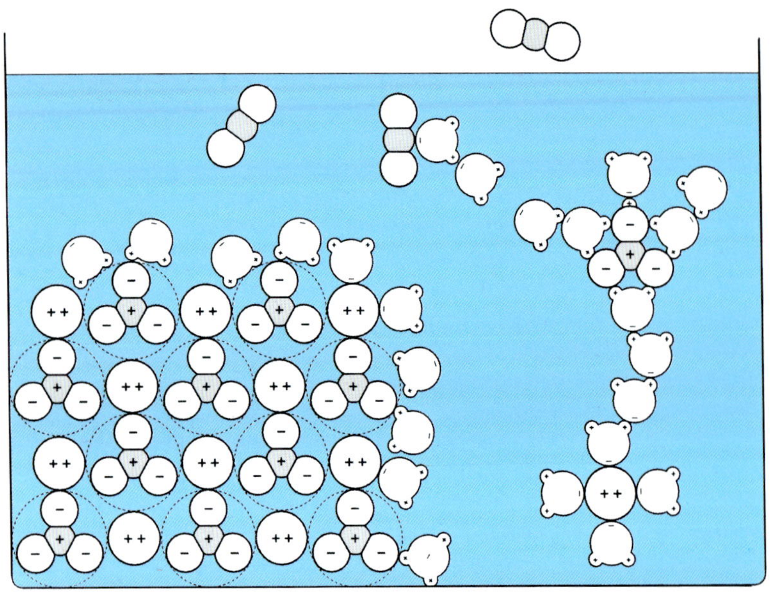

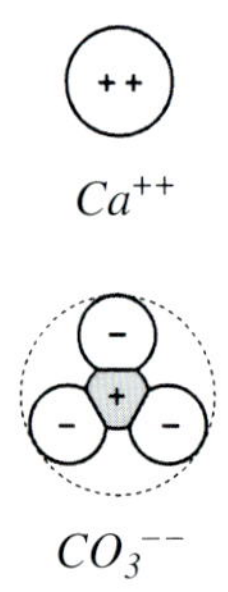

Beim Auflösen von Calcit, der ähnlich wie Kochsalz aus Ionen – hier Ca^{++} und CO_3^{--} – aufgebaut ist, hilft das häufig im Wasser gelöste Kohlendioxid (CO_2) mit, indem es zunächst mit Wasser Hydrogencarbonat-Ionen (HCO_3^-) und Hydrogenium-Ionen (H_3O^+) bildet:

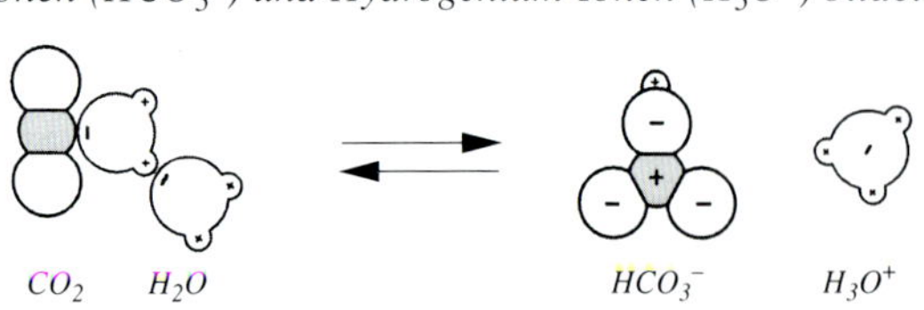

Die Hydrogenium-Ionen übertragen dann auf der Calcit-Oberfläche ihren H^+-Anteil ans Carbonat-Ion:

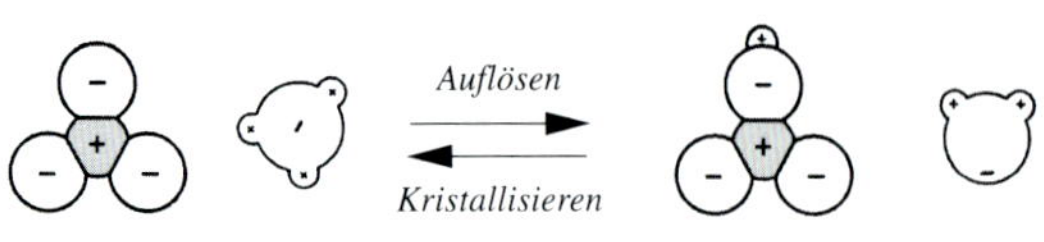

Das so entstandene Hydrogencarbonat-Ion läßt sich nun einfacher aus dem Gitter herauslösen, da es nur noch einfach positiv geladen ist.

Alle Fotos dieses Beitrags machte Paul Rustemeyer

H_2O, CO_2 + Calcit:

Paul Rustemeyer erklärt das ungewöhnliche

Für das Auflösungsverhalten von Kristallen, die wie der Calcit aus Ionen (geladenen Atomen oder Atomgruppen) aufgebaut sind, gibt es eine einfache Modellvorstellung: Wassermoleküle haben ein dipolares Ladungsmuster (eine Seite positiv, die andere negativ geladen), und damit versuchen sie, Ionen im Kristallgitter zu umlagern.

Dies gelingt ihnen aber nur, wenn die gegenseitige Anziehung der Ionen im Gitter nicht größer ist als die Anziehung zwischen dem Wasser und den Ionen.

Gut überschaubar sind diese Vorgänge beim Kochsalz. Hier umzingeln jeweils vier Wassermoleküle je ein Chlorid- und ein Natrium-Ion. Die Sättigungsgrenze von 330 g Salz in einem Liter Wasser ergibt sich in dieser vereinfachten Modellvorstellung dadurch, daß ab diesem Mengenverhältnis nicht mehr ausreichend ungebundene Wassermoleküle vorhanden sind, um weitere Ionen zu umlagern.

Beim Calcit löst sich die vergleichsweise geringe Menge von nur 0,14 g in einem Liter reinen Wassers. Verglichen mit dem Kochsalz bewirkt die doppelte Ladung der Calcium- und Carbonat-Ionen einen wesentlich stärkeren Zusammenhalt der Gitterbausteine des Calcits und läßt den Wasserdipolen kaum eine Möglichkeit zum Umlagern der Ionen.

Die Rolle der Kohlensäure

Allerdings kann die Löslichkeit des Calcits beeinflußt werden: durch den Säuregehalt der Lösung. Die in der Natur für die Auflösung von Calcit und Kalkgesteinen wichtigste Säure ist die Kohlensäure; sie bildet sich aus in Wasser gelöstem Kohlendioxid. Zum Beispiel kann ein normales Mineralwasser schon rund 1 Gramm Calcit pro Liter lösen, bei steigendem Kohlendioxiddruck nimmt die Löslichkeit weiter zu. Der Hintergrund dafür sind zwei chemische Umwandlungen:

➜ Löst sich Kohlendioxid in Wasser, so wandelt sich ein kleiner Teil davon ebenfalls in ein Hydrogencarbonat-Ion um, indem es sich mit einem Wasser-Molekül zusammenlagert und ein Hydrogenium-Ion übrig läßt; letzteres ist allen Säuren gemeinsam (siehe Graphik links).

➜ Kohlendioxid-haltiges Wasser enthält also Hydrogenium-Ionen, und diese können sich auch an die Carbonat-Ionen auf der Oberfläche eines

Calcit-Kristalls anlagern. Durch Übertragung ihres positiven Wasserstoff-Anteils wird aus dem zweifach negativ geladenen Carbonat-Ion ein nur noch einfach negativ geladenes Hydrogencarbonat-Ion.
Dies verringert sofort die anziehenden Kräfte zu den Gitternachbarn, und die Wassermoleküle erhalten in diesem Spiel der Kräfte ihre Chance, die Hydrogencarbonationen durch Umhüllen (Hydratisieren) aus dem Gitter zu lösen.

Im dynamischen Gleichgewicht

Alle diese Umlagerungsprozesse verlaufen stetig in beiden Richtungen: Ist die Sättigung der Lösung erreicht, lagern sich z. B. ebensoviele Ionen wieder an das Gitter an als gleichzeitig in Lösung gehen („dynamisches Gleichgewicht").
Beim Calcit greift in diesen Lösungs-Gleichgewichtszustand noch das Kohlendioxid in der oben beschriebenen Weise mit ein. So sind Calcit-Kristalle mit ihrer wässerigen Umgebung nur dann im Gleichgewicht, wenn der Kohlendioxid-Gehalt der Lösung und der Umgebung gleich bleibt.
Weiteren Einfluß auf die Löslichkeit des Calcits haben Temperatur und Fremdsalzgehalt der Lösung; so steigt mit zunehmendem Kochsalzgehalt die Löslichkeit des Calcits, mit steigender Temperatur sinkt sie leicht.
In der Natur hat dieses Lösungsverhalten des Calcits eine ganz große Bedeutung für Entstehung und Erosion von Kalkgesteinen, die ja aus kleinen Calcit-Kriställchen aufgebaut sind.
Einige Beispiele dafür – alles wichtige Stationen im geochemischen Kreislauf des Kohlenstoffs – verdeutlichen, wie nun das Löslichkeitsverhalten des Calcits als gestalterische Kraft das Erscheinungsbild der Erdoberfläche mitprägt.

Karren und Karst

Kalkgesteine verwittern vor allem unter der Einwirkung von kohlensaurem Regen und Grundwasser. Hauptquelle der Kohlensäure ist Kohlendioxid, welches die Regentropfen aus der Luft aufnehmen; zusätzlich liefert die Verrottung von Pflanzenteilen im Boden weiteres Kohlendioxid hinzu.
Landschaften, die aus Carbonatgesteinen aufgebaut sind, zeigen typische **Verwitterungsformen**,

Durch kohlensaures Regenwasser angelöster Calcit
von der Grieswies im Rauris, 15 cm groß; Sammlung Mühlberger

Lösen von Kalkgestein:
Karrenbildung in der Halong-Bucht, Vietnam

Schnelle Kalkauflösung im tropischen Klima:
vom Meer überfluteter Kegelkarst in der Halong-Bucht, Vietnam

Calcit und Aragonit in einem stetigen

Doline, ein klassisches Karstmerkmal:
Um 1965 stürzte nördlich der Wutachschlucht diese Doline ein

Rund 80 % der Meeresablagerungen stammen von Organismen:
Ammonit mit Calcit vom Liesberg bei Basel, Bildbreite 10 cm

Auflösung des Bindemittels Calcit im Sandstein:
Erosion im Antilope Canyon, Arizona

die letztlich durch die Calcitauflösung entstehen. So sind etwa die Gesteine an der Oberfläche von Rinnen- und Löcherstrukturen zerfurcht: die sogenannte **Karrenbildung**.
Die Lösekraft von kohlendioxidhaltigen Wässern weitet solche Risse zu tiefen Spalten- und Höhlensystemen aus. Es entstehen die klassischen **Karst**-Landschaften mit typischen Merkmalen wie zum Beispiel **Dolinen** (eingestürzte Höhlen) und tief eingeschnittene Tälern.
Bei höheren Temperaturen laufen diese Lösungsvorgänge schneller ab: In tropischen Gegenden entstehen deshalb die sogenannten **Kegelkarst**-Berge. Schlußendlich wird dann über Flüsse und Grundwasserströme fast alles gelöste Carbonat ins Meer verfrachtet.

Kalkgestein und Meer

Carbonatische Tiefseegesteine können auf ganz besondere Art verwittern: Herabsinkende tote Lebewesen, etwa Algen, werden in der Tiefsee durch den im Wasser gelösten Sauerstoff zu Kohlendioxid abgebaut, dessen Löslichkeit unter den hohen Wasserdrucken der Tiefe ja zunimmt.
So kann das Meerwasser durch den hohen Kohlensäuregehalt große Mengen an Kalksediment auflösen, als Lösung abtransportieren und z.B. nach einem später beschriebenen Mechanismus an einer tropischen Küste wieder abscheiden.
Ein wichtiges Kapitel ist aber auch die Bildung mariner Carbonat-Gesteine. Aus den ins Meer strömenden Calciumcarbonat-Lösungen bauen viele Meeresorganismen – Plankton, Muscheln, Korallen und andere – ihre Calcit-Aragonit-Skelette oder -Schalen auf. Diese sinken nach dem Absterben auf den Meeresboden und bilden so mächtige Ablagerungsschichten, die sich dann zu **Kalkstein** verdichten.
Unter bestimmten Bedingungen wandeln sich nun Aragonit und Calcit durch den Austausch von Calciumionen gegen auch im Meerwasser gelöste Magnesiumionen zu Dolomit um, und der ist schwerer löslich. Sammler kennen das von Umhüllungs-Pseudomorphosen von Dolomit nach Calcit.
Auch in Küstennähe tropischer Meere können sich Kalke bilden. Durch die Erwärmung des Wassers werden folgende Reaktionen ausgelöst: Die Löslichkeit für Kohlendioxid im Meerwasser

Kreislauf von Auflösung und Abscheidung

sinkt bis zur Übersättigung; es kann in der Brandung schnell an die Luft abgegeben werden. Weniger gelöstes Kohlendioxid senkt gleichzeitig die Löslichkeit des Calcits: Das Meerwasser wird auch in Bezug auf gelösten Kalk übersättigt. Häufig fällt nun Aragonit in Form mikroskopisch kleiner Kriställchen als Kalkschlamm aus.
Unter besonderen Bedingungen kann sich Aragonit aber auch an Keimen, etwa an kleinen von der Brandung aufgewirbelten Schnecken- und Muschelteilchen, abscheiden. So entstehen kleine Kügelchen, sogenannte **Oolithe**. Haben diese eine bestimmte Größe erreicht, werden sie von der Brandung nicht mehr aufgewirbelt, sondern sinken zu Boden und verdichten sich im anschließenden Sedimentationsprozeß zum sogenannten **Rogenstein**, so geschehen zum Beispiel im Hauptrogenstein des Kaiserstuhls.
Und was geschieht mit der **Kohlendioxid-Bilanz** bei der marinen Kalkgesteinsbildung? In allen Fällen der Abscheidung im Meer – sowohl bei den schalenbildenden Organismen als auch bei anorganischen Kalkabscheidungen – wird pro ins Calcit-Gitter eingebautem Ionenpaar wieder ein Molekül Kohlendioxid frei, welches zumeist in die Atmosphäre gelangt. Dort kann es entweder von einer Pflanze aufgenommen in den biologischen Kreislauf geraten oder vom Regen ausgewaschen erneut in den Verwitterungsprozeß einmünden.
Interessant ist auch die **Travertin**-Entstehung: Verlieren Calcit-gesättigte Lösungen durch den Austausch mit umgebender Luft einen Teil ihres Kohlendioxid-Gehaltes, so ist die Lösung übersättigt: Calcit scheidet sich ab. Dies ist häufig der Fall bei Mineralquellen, aber auch in Tropfsteinhöhlen bei der Bildung von Stalaktiten.

Gestaltung der Erdoberfläche

Soweit unser kleiner Rundgang durch einige der zahlreichen Möglichkeiten, mit der das ungewöhnliche Lösungsverhalten des Calcits auf die Gestaltung der Erdoberfläche einwirkt – alles kleine Vorgänge, aber mit großer Wirkung.
Was dann im Detail geschieht und welcher schier unübersehbare Formenreichtum dabei entstehen kann, das zeigt am Beispiel der Höhlenbildung der Artikel von Alain Martaud aus Paris auf der nächsten Seite.

Dolomit ist schwerer löslich als Calcit:
Der Calcit ist fast weggelöst, 10 cm groß; Artenberg, Kinzigtal

Oolithe im Rogenstein vom Kaiserstuhl
Dünnschliff W. Wimmenauer, etwa 200-fach

Sinterabscheidung in der Wutachschlucht:
Der Bach hinterläßt hier einen Teil seines Kalkgehalts

Eine bizarre Wunderwelt: Calcit und Aragonit in Höhlen

Der Höhlenforscher und Calcit-Sammler Alain Martaud aus Paris hat Calcit in Höhlen am Ort ihrer Entstehung fotografiert

Höhlen, das sind Märchenwelten, voll von den Geschichten aus der Frühzeit des Menschseins, dunkle Räume, die uns heute oft Angst machen, aber nichtsdestoweniger eine große Faszination ausstrahlen. Diese Anziehungskraft liegt zu einem guten Teil in den bizarren Kristallskulpturen, die aus Calcit, seltener auch aus Aragonit gewachsen sind, und zwar in sehr langen Zeiträumen, Tropfen um Tropfen, Kriställchen um Kriställchen, feine Schicht um feine Schicht.

Der Entstehungsgeschichte entsprechend sind die Calcitformen aus Höhlen nicht so brillant und flächenreich wie die Kristalle aus anderen Vorkommen. Calcit aus Höhlen ist mehr rundlich und

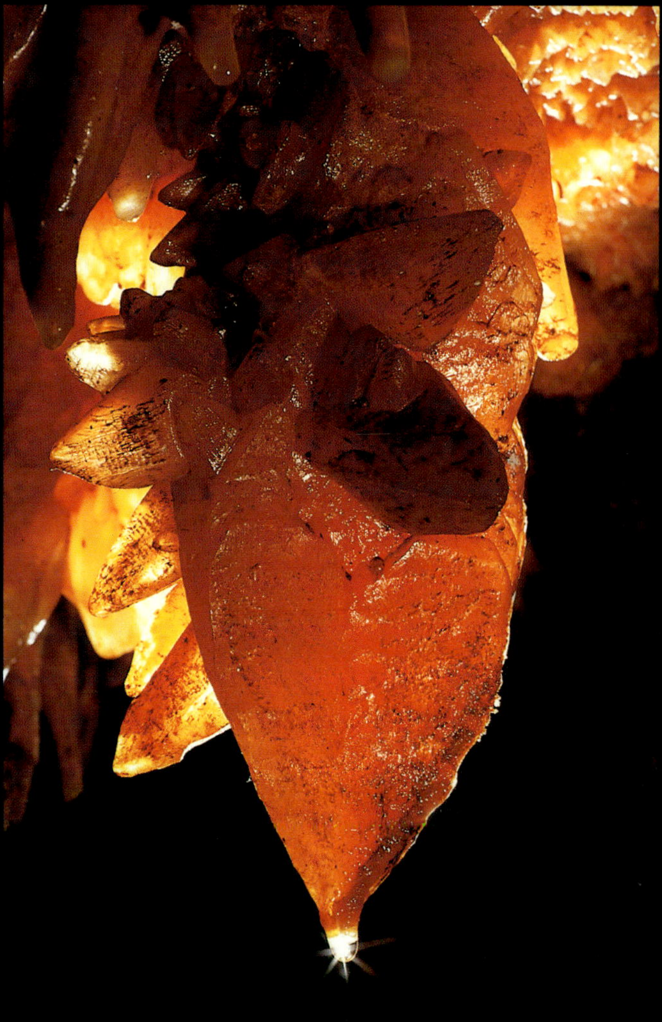

***Einkristall:** Stalaktit aus einem 25 cm großen Calcitkristall, eine große Rarität; Algar Gantua, Portugal*

***Alain Martaud** machte die Fotos dieses Beitrags (bis auf wenige namentlich genannte Ausnahmen)*

in feinkristallinen Schichten durch die Arbeit des Wassers abgelagert: Die „Tropfsteine“ überwiegen hier als Form. Doch es gibt auch regelrechte Kristalle; es gibt als Rarität sogar „Tropfstein-Kristalle“, wie das Bild auf dieser Seite zeigt.

Bringt Calcit auf den Fundstellen mit „normaler“ Entstehung schon eine schier unglaubliche Formenvielfalt zustande, in den Höhlen überschlägt er sich förmlich (Seiten 78 bis 85), und Aragonit nicht minder (Seiten 86 und 87). Diese freien und phantasiereichen Formen – aufgebaut aus Kalk, Wasser und Zeit – haben im ganzen Mineralreich kaum Vergleichbares. Das hängt mit den einzigartigen Bildungsbedingungen zusammen, die in Höhlen auftreten: Im Gegensatz zu den meisten anderen Lagerstätten arbeiten hier auch Wind und Wetter mit: Klimaverhältnisse sind aber nie stabil, stets ändern sich Wassermenge und Wasserlauf, feines Spritzwasser macht andere Formen als der „stete Tropfen“ – ja sogar der Luftzug in den Höhlen gestaltet die Formen mit.

Eine weitere Tatsache trägt zur Formenvielfalt in den Höhlen bei: Die unterschiedlichen Gesteine, in denen man Höhlen vorfindet, gestalten die Bildungsbedingungen mit. Und Höhlen mit Kalksintern gibt es beileibe nicht nur in Kalkgesteinen. Auch in Silikatgesteinen, so zum Beispiel in Namibia und Südafrika, gibt es karstartige Höhlen; aus den USA und aus den Grünen Bergen Neukaledoniens sind sogar Granit-Grotten bekannt. In oberflächennahen Hohlräumen von Vulkaniten (Explosionskammern, Lavaröhren etc.) fand man sogenannte Pseudokarste; besonders schön sind die Tropfsteinhöhlen von Hawaii. Auch unterirdisch verlaufende Flüsse durchqueren oft Sinterhöhlen, so zum Beispiel in Tahiti.

Um die Formenvielfalt zu beschreiben, ist natürlich neben so klassischen Begriffen wie Stalaktiten und Stalagmiten, also von der Decke hängende und auf dem Boden stehende Tropfsteine, eine eigene „Höhlensprache“ entstanden. Typisch für einige Höhlen sind z. B. die „Excentriques“; das sind rundliche bis spiralenförmige, korallenartige Kristallgebilde, die sich spielerisch frei von der Schwerkraft einfach im Spiel von Kristallisation und Wasserlauf bilden.

Die Bilder dieses Beitrags, so bizarr sie auch sein mögen, können nur einen kleinen Einblick in die erstaunliche Vielfalt dessen geben, was Calcit und Aragonit in Höhlen aufbauen können.

Stalaktiten

Große hängende Calcit-Gebilde, steingewordener Wasserfall, in einem Saal einer Höhle an der Cote d'Azur

„Höhlenspat“

Calcit-Kristalle in der Höhle von Pietra Altar Rului in Rumänien

Foto Serge Caillault

Ein paar Daten: Der größte bekannte Stalagmit der Welt steht in einer Höhle in China; er ist 47 m hoch. Die längste Höhle ist die Mammoth Cave in den USA: Das Gewirr von Gängen und Galerien ist rund 560 km lang. Der mit über 50 km längste durchgehende Höhlentunnel der Welt befindet sich in Hawaii in einer Tiefe von rund 1000 m. Den größten unterirdischen Saal fand man in Malaysia: Die „Sarawak Chamber“ umfaßt über 12 Millionen Kubikmeter.

Übrigens: Tropfsteine entstehen anders, als man für gewöhnlich denkt. Bei Höhlenführungen hört man nämlich oft, das Material der Tropfsteine würde durch Verdunstung kalkhaltigen Wassers abgeschieden – in einer so feuchten Atmosphäre sehr unwahrscheinlich. Tropfsteine wachsen, wie Paul Rustemeyer auf Seite 77 bei der Travertin-Entstehung erläutert, weil das Wasser einen Teil des Kohlendioxid-Gehalts langsam an die Luft abgibt; damit sinkt die Löslichkeit von Kalk, und er kristallisiert aus (siehe auch Seite 74).

Lösungsform

Dreieckige Kristallskelette von Calcit, etwa 1 cm groß, aus der Grotta d’Almonda in Portugal

Skalenoeder

Langgestreckte, gerundete Skalenoeder in einer Höhle in Südfrankreich

Bildreite etwa 20 cm

Excentriques

Durch ein verrücktes Spiel von Wasserkapillaren und Calcit entstehen diese ungewöhnlichen Formen. Hier einige besonders große Excentriques aus einer Höhle in den Alpes Maritimes

Oben: Wachstum tropfenweise

Waagerecht aus einer Sinterwand wächst dieser Calcit-Excentrique: Deutlich sieht man an der Oberseite verlaufend den feinen Hohlkanal, aus dem Wasser tropfen kann. Algar do Peno, Portugal

Links: frei hängende Calcit-Kristalle

Flächenreiche Kristalle aus der Grotte de Baume Obscure, Alpes Maritimes, etwa 2 cm groß

Eine Seerose aus Calcit

Rund 25 cm Durchmesser hat dieses Spiegelei aus Calcit in einer Höhle in Südfrankreich

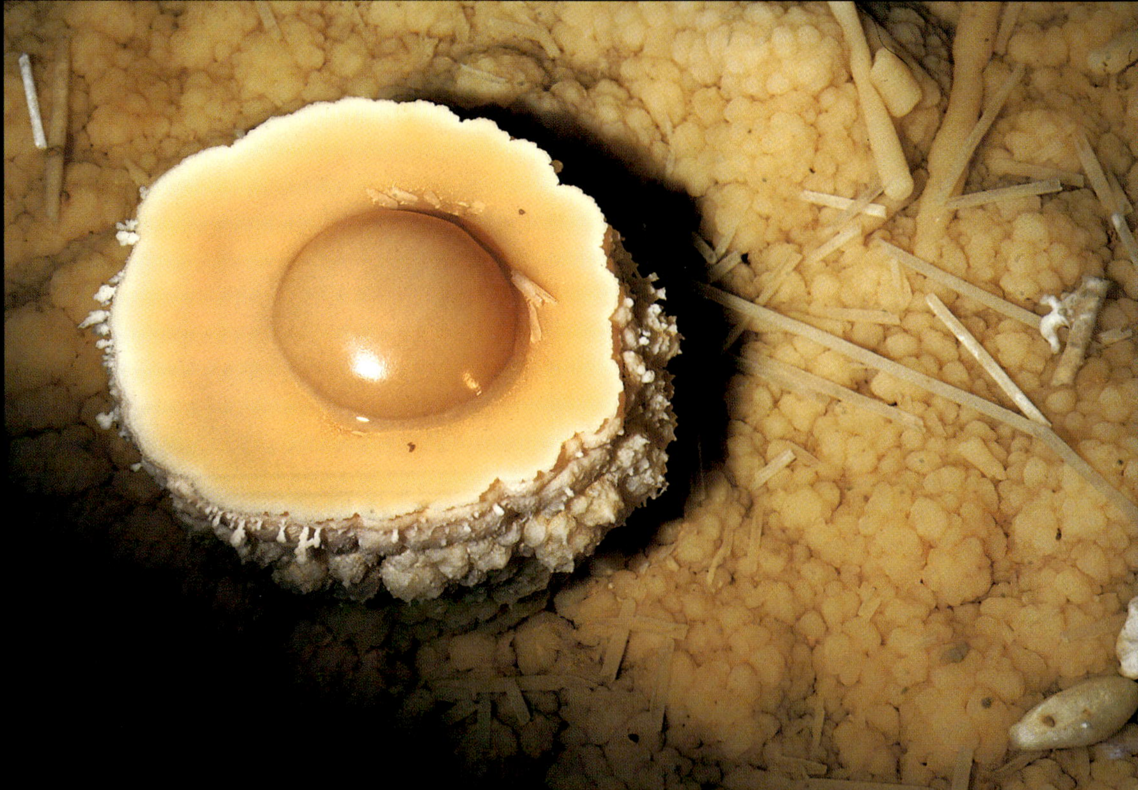

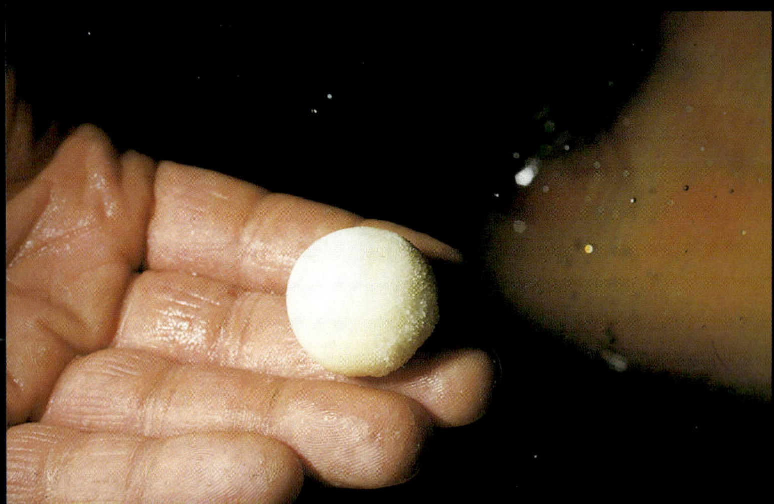

Höhlenperlen

***Links:** Aus hauchfeinen Calcit-Kriställchen aufgebaut ist dieser seltene Höhlenschmuck*

***Rechts** ein ganzes Nest aus Perlen, etwa 15 im Durchmesser*

Aus einem alten Untertagesteinbruch in Paris-Nord

Die faszinierenden und exzellenten Bilder dieses Beitrags machte, bis auf wenige Ausnahmen, der Pariser Geologe und Höhlenforscher

Alain Martaud

Mit 12 Jahren fing er an Mineralien und Fossilien zu sammeln, mit 15 betrat er erstmals eine Höhle. In Paris nämlich gibt es einige Untertage-Steinbrüche und Höhlensysteme mit Sinterbildungen. Die Begeisterung war so groß, daß Martaud in Paris Geologie studierte. Er wurde Spezialist für Geotechnik und Hydrogeologie.
Da er auch Mineralien sammelt, ist er heute ein international renommierter Fachmann für Höhlen-Mineralogie. Er besuchte und studierte zahlreiche Höhlen der Welt, arbeitet mit vielen Höhlenforschern der Welt zusammen und ist beratend für einige Besucherhöhlen tätig. Er macht Ausstellungen und Diavorträge, und Museen holen ihn, wenn es um Höhlen geht.
Empfehlenwert ist sein umfangreicher Artikel „Les concrétions des grottes" in der Zeitschrift Le Règne Minéral, Juli/August 1997.
(E-mail: Leregnemin@aol.com)

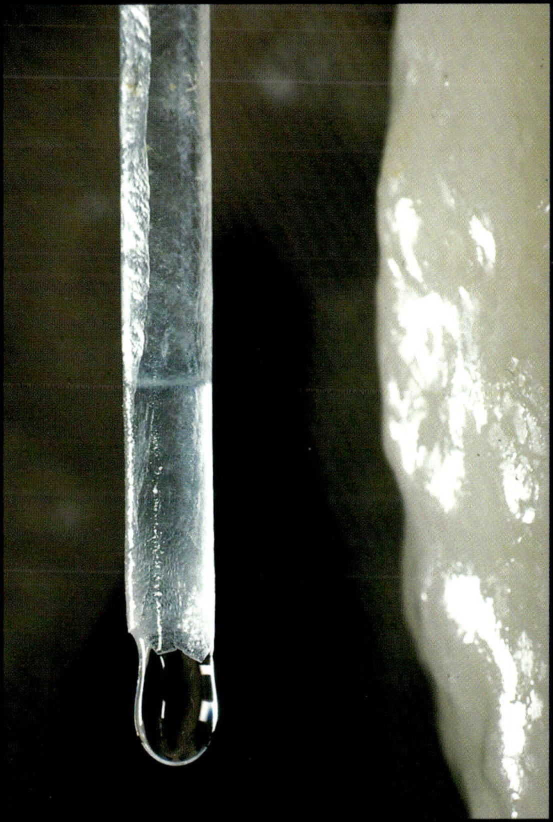

Spaghettis *aus Calcit hängen hier von der Decke einer Höhle in dem Kalkstein-Plateau von Les Grand Causses im Massive Central*

Wie ein feiner Strohhalm *leitet diese hauchfeine Calcit-Röhre das Wasser; etwas über dem Tropfen erkennt man den momentanen Wasserstand; aus einer Höhle bei Fatima, Portugal*

Unterirdischer See

Le Lac de Minuit in der Grotte de Trabuc, Gard; tonnenschwere Stalaktiten hängen hier von der Decke

Tropfen für Tropfen formt das Wasser

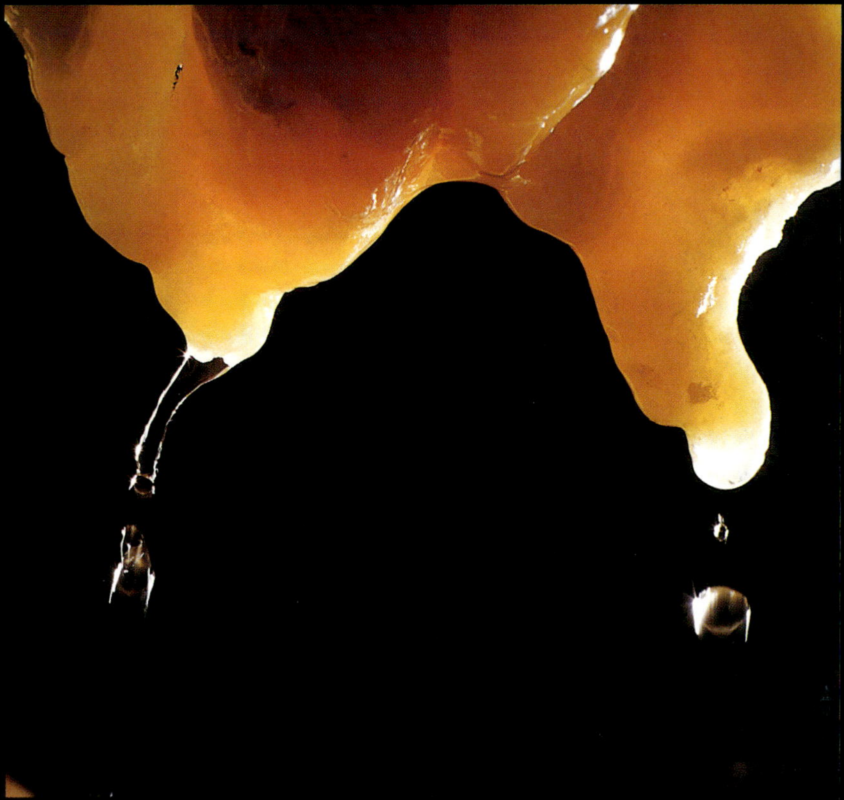

Oben links: *In einem Wassertropfen wächst eine winzige Kristallgruppe aus Calcit; Souterroscope des Ardoisiènes, Calvados*

Oben rechts: *Jeder Tropfen Wasser hinterläßt an den hängenden Stalaktiten eine Spur Calcit*

Unten: *Völlig andere Formen als das Tropfwasser von oben baut das Spritzwasser am Höhlenboden auf*

Aufgenommen in einem Untertagesteinbruch im Norden von Paris

Die bizarre Höhlen-Aragonite

Eisenblüten
Aragonit ist das zweithäufigste Mineral in Karsthöhlen: hier korallenartige Aragonit-Aggregate in einer Höhle in Südfrankreich

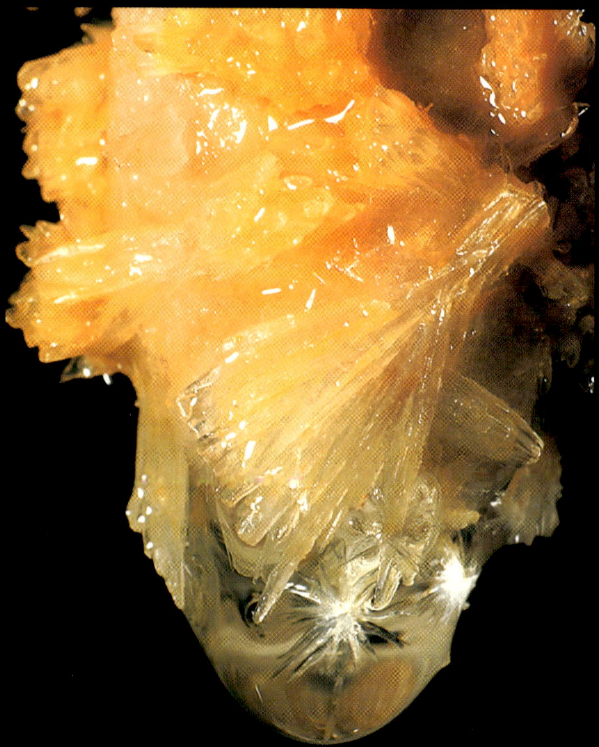

Blauer Aragonit
aus der Grotte du Sud de la France
Bildbreite etwa 20 cm, Foto Laurent Kruszyk

In einem Wassertropfen
am Ende eines Excentique-artigen Gebildes hat sich ein Kristallstern aus Aragonit gebildet
Grotte de Clamouse, Hérault, Frankreich

Die „Grotte der grünen Aragonite“ *in der Montagne Noir, Südfrankreich. Diese Farben der Aragonite sind echt und kein Beleuchtungstrick!*

Alain Martaud *machte die Fotos dieses Beitrags (bis auf namentlich genannte Ausnahmen).*

Calcit und Kohlendioxid: die

***Paul Rustemeyer* verfolgte den Weg des Kohlenstoffs, einem zentralen Baustein von Calcit und Aragonit**

Der Autor machte auch alle Fotos dieses Beitrags

Kohlendioxid ist für uns ein wichtiges Gas. Die Chemiker schreiben: CO_2. Es besteht also aus Kohlenstoff und Sauerstoff und ist auf vielfältige Weise mit dem Geschehen auf der Erde vernetzt. Seinen Kohlenstoffgehalt kann das Gas entweder in die lebendige Welt der Pflanzen und Tiere oder über die Verwitterung in die mineralische Welt einbringen.
Für diesen ständigen Wechsel zwischen den Welten kann man sich die verrücktesten Phantasiereisen vorstellen, z. B.: Leonardo da Vinci könnte beim Nachdenken über eine Erfindung etwas Gehirnschmalz zu Kohlendioxid verbrannt und im nächsten Atemzug ausgeatmet haben. Vom Winde verweht und von einem Regentropfen aufgenommen könnten die Moleküle am Kalklösungsprozeß beteiligt und dann z. B. in einer Spalte in einem Calcit-Kristall eingebaut worden sein. Dieser wird Jahrhunderte später von einem Sammler geborgen, fotografiert und zufällig hier im Lapis abgebildet. Der Leser kann nun selbst weiterphantasieren, welchen Weg das Kohlendioxid aus diesem Calcit-Kristall einst nehmen wird...
Der Kohlenstoff-Kreislauf der Erde ist höchst interessant, nicht nur weil Calcit sein mengenmäßig wichtigstes Glied darstellt, sondern weil er zeigt, wie die lebendige und die scheinbar tote geologische und mineralische Welt in einem dynamischen Gleichgewicht verbunden sind. Neben den auf den Seiten 75 - 77 beschriebenen Vorgängen sind zwei weitere Glieder des Kreislaufs wichtig:

Wenn Silikate verwittern

Auch Silikatmineralien, wie etwa Calcium-Feldspäte oder Pyroxene, werden von kohlensäurehaltigem Wasser angegriffen. Interessanterweise entstehen hierbei wiederum die Bestandteile von gelöstem Calcit und Quarz:

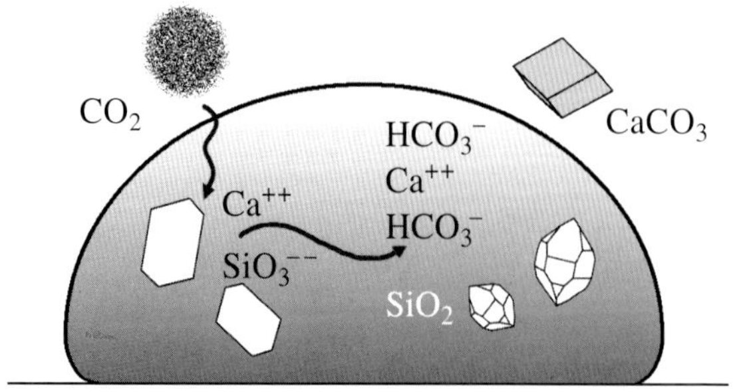

$$\text{Feldspat} + CO_2 \xrightarrow{\text{in } H_2O} \text{Quarz} + \text{Kalk}$$

Blick in einen Wassertropfen

Die Verwitterung von Silikaten kann zur Calcit-Bildung führen

Dies erklärt auch, warum wir auf alpinen Klüften und in Hohlräumen silikatischer Gesteine so häufig Quarz und Calcit miteinander vergesellschaftet vorfinden.
Durch die Silikatverwitterung werden gigantische Mengen von Kohlendioxid aus der Atmosphäre gebunden und in Kalkgestein umgewandelt.

CO_2 aus der Tiefe

Durch geologische Vorgänge können Kalksedimente in mehrere Kilometer Tiefe geraten. Dort reagieren sie mit den umgebenden quarz- oder silikatreichen Gesteinen. Bei diesen vielfältigen Umwandlungsprozessen entstehen vor allem Calciumsilikate und Kohlendioxid.
Das Kohlendioxid gelangt wieder in die Atmosphäre: entweder auf dramatische Weise wie bei Vulkanausbrüchen oder völlig unspektakulär in einer Thermalquelle. Nachweislich finden sich gerade an Stellen, wo die Kontinentalplatten in sogenannten Subduktionszonen in größere Tiefen abtauchen, die meisten Kohlendioxidquellen.

Die Horte des Kohlenstoffs

Eine Abschätzung der Verteilung des Elementes Kohlenstoff in der Erdrinde kann überraschen:
– Am meisten Kohlenstoff ist in Form von Calcit und Aragonit in **kalkigen Sedimenten** gespeichert, und zwar 62500mal mehr als in allen Lebewesen auf der Erdoberfläche! Der größte Teil davon wurde irgendwann im Lauf der Erdgeschichte von Meerestieren gebunden, ist also biologischen Ursprungs (siehe Tabelle Seite 90).
– In unserer **Atmosphäre** ist sogar etwas mehr Kohlenstoff als CO_2 enthalten als in allen Lebewesen zusammengenommen.
– Die im **Meer** als CO_2 gelöste Kohlenstoffmenge ist rund 50mal größer als der Kohlendioxidgehalt der Atmosphäre.
Da das Meer ständig Kohlendioxid mit der Luft austauscht, wirkt es wie ein riesiger Puffer. Je mehr Kohlendioxid in der Luft ist, desto mehr nimmt auch das Meer davon auf.
Der seit 150 Jahren durch die Verbrennung von Kohle und Öl stetig ansteigende Kohlendioxidgehalt der Atmosphäre und im Zusammenhang damit der Treibhauseffekt verdeutlichen aber, daß dieser Austausch ins Meer nur langsam vor sich geht.

Mittler zwischen Mineral und Leben

Silikatische Verwitterung
Überall, wo sich kohlendioxidhaltiges Wasser an silikatreichen Gesteinen ansammelt, werden diese stärker verwittert; so hat diese Pfütze in den Granit vom Mt. Lozere schon ein ordentliches Loch „hineingewittert“

Produkte silikatischer Verwitterung
Calcit und Quarz haben sich hier in den alpinen Klüften der Rauris durch Reaktion mit Wasser aus den silikatreichen Gesteinen der Grieswies gebildet; Breite 12 cm, Sammlung S. Mühlberger

Gelöster Kalk aus vulkanischen Sauerquellen
wurde hier massenhaft ausgefällt: die Sinterterrassen von Mammoth Hot Springs im Yellowstone Park, USA

Nur 1% C in Pflanze, Tier und Mensch

In Carbonaten steckt das größte Kohlenstoffreservoir der Erdkruste
Calcit und Dolomit vom Artenberg, Kinzigtal, Bildhöhe 1 cm

Kalkabscheidungen saurer Quellen
am ehemaligen Seegrund des Mono Lake, Kalifornien, USA

Kohlenstoff Quelle	Menge in Billionen t	Verhältnis zu lebender Biomasse
Ca-Carbonate (Calcit, Aragonit etc.)	35 000	62 500
Ca-Mg-Carbonate (Dolomit etc.)	25 000	44 600
Organische Sedimente (Kerogen)	15 000	26 800
Im Meer gelöstes HCO_3 und CO_3	42	75
Fossile Brennstoffe (Kohle, Öl, Gas)	4,0	7,1
Toter organischer Boden (Humus etc.)	3,0	5,4
Atmosphärisches CO_2	0,72	1,3
Lebende Biomasse (Pflanzen, Tiere)	0,56	1

Calcit, Aragonit, Dolomit: das größte Kohlenstofflager der Erdkruste
Nach: R. A. Berner und A. C. Lasaga, Spektrum der Wissenschaft, Mai 1989, S.54

In den kommenden Jahrzehnten können wir also entweder tatenlos zuschauen, wie die Erhöhung des Kohlendioxid-Ausstoßes bei der Verbrennung von Kohle, Gas und Öl im Kohlenstoff-Kreislauf nicht mehr ausgeglichen werden kann, oder wir besinnen uns doch besser aufs Energiesparen und die Entwicklung alternativer Energiequellen.

Kohlenstoff und Erdgeschichte

Als sich auf der Erde gerade eine Kruste und eine Ur-Atmosphäre gebildet hatten, war der größte Teil des Kohlenstoffs in den Gesteinsschmelzen gebunden. Die Ur-Atmosphäre enthielt rund 16 % Kohlendioxid.

Im Präkambrium nahmen Algen im Meer riesige Mengen an CO_2 auf, dessen Kohlenstoffanteil z. B. als Kerogene (unlösliche polymere organische Substanzen) in silikatreichen Sedimenten abgelagert wurde. Die Zusammensetzung der Atmosphäre änderte sich aber kaum, da der intensive Vulkanismus dieser Epoche sehr viel CO_2 nachlieferte. Der Sauerstoff, den die Einzeller im Meer produzierten, wurde gleich von reduzierenden Anteilen im Meerwasser verbraucht, z. B. von Eisen-II-Ionen. Unter den heißen Klimabedingungen war die silikatische Verwitterung natürlich sehr intensiv; so reicherte sich viel Calciumhydrogencarbonat im Meerwasser an.

Beim Wechsel ins Kambrium änderte sich das Milieu im Meer: Es wurde oxidierend und weniger sauer. Die ersten Organismen lernten, aus Calcit und Aragonit ihre Körperschalen zu bauen: Das hatte mächtige Kalksedimente zur Folge.

Im weiteren Verlauf der Geschichte sorgten die nun lebensfreundlichen Bedingungen im Meer und auf dem Festland für die Fixierung ungeheurer Mengen an CO_2 in Kalk, Kohle und Sedimenten. Der CO_2-Gehalt der Atmosphäre sank rapide, gleichzeitig wuchs ihr Sauerstoffgehalt.

Die heutige Luftzusammensetzung ist so durch den Stoffwechsel vieler Generationen von Organismen im Laufe der Evolution entstanden. Somit war das CO_2 der wohl wichtigste Mittler zwischen dem Mineralischen und dem Lebendigen. Calcit und Aragonit spielten dabei eine zentrale Rolle. Wenn wir sie also in unserer Mineraliensammlung stehen sehen, sollten wir auch daran denken, daß wir selbst ohne diese beiden Minerale wohl gar nicht da wären.

Stationen des Kohlenstoff-Kreislaufs

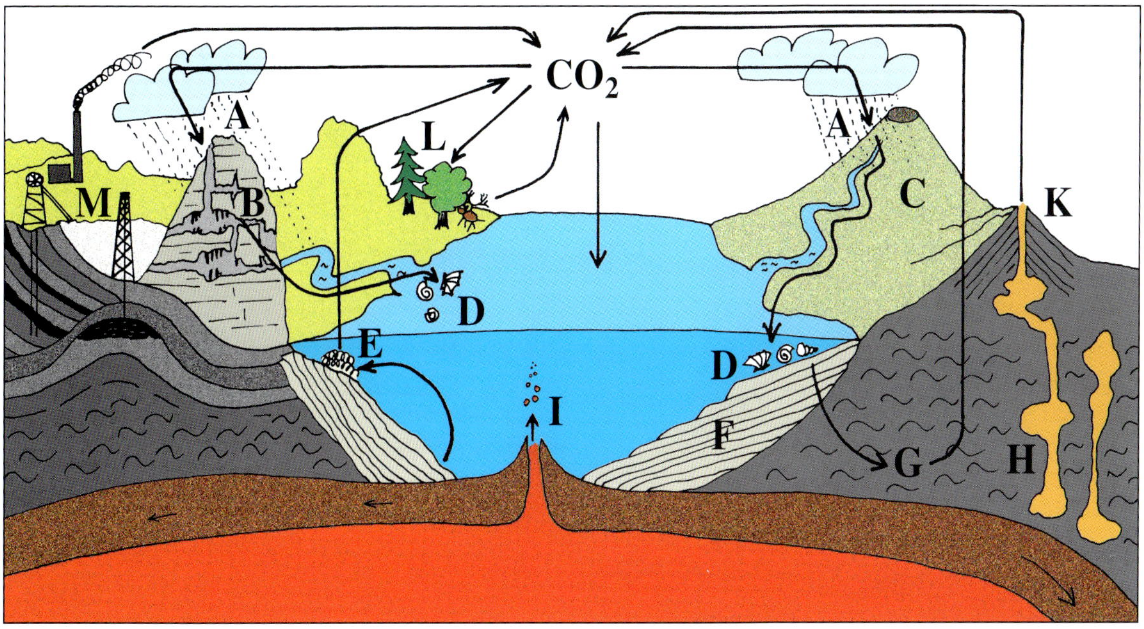

Stationen des geochemischen Kohlenstoff-Kreislaufs im Überblick
Grafik Paul Rustemeyer

A Regenwasser reichert sich mit CO_2 an
B Carbonatgesteine verwittern
C Silikatgesteine verwittern
D Meerestiere bauen Schalen und Skelette
E Kalkschlamm oder Oolithe werden an warmen Küsten abgeschieden
F Dolomitisierung von Calcit
G Metamorphe Umwandlung von Kalk zu Calciumsilikaten und CO_2
H Magmatische Umwandlung von Kalk zu Calciumsilikaten und CO_2
I Vulkanismus der mittelozeanischen Rücken
K Bei Vulkanausbrüchen werden große Mengen an CO_2 frei
L Kohlenstoffkreislauf des Lebens: Photosynthese, Nahrungskette, Atmung
M Menschliche Eingriffe: das Fördern und die Verbrennung fossiler Brennstoffe

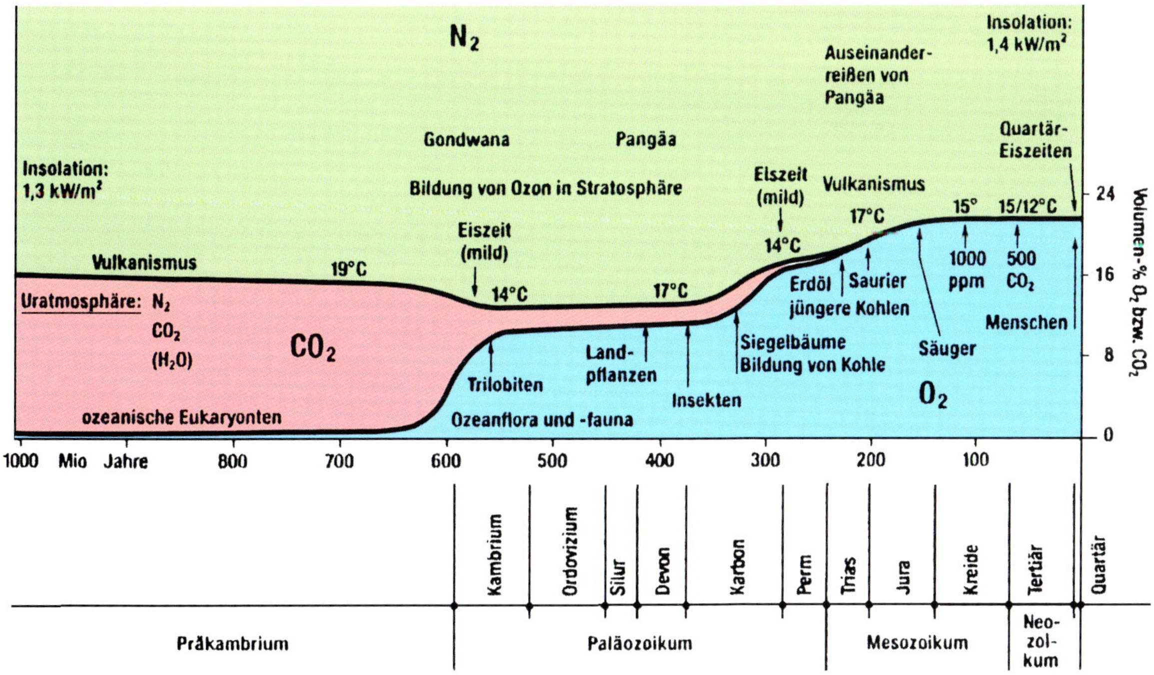

Die Entwicklung des Kohlendioxidgehaltes der Atmosphäre in Zusammenhang mit der Entwicklung des Lebens
Aus B. Klopries und G. Beckmann, Chem. Ind., Febr. 1990, S. 20

Ein Skelett aus Calcit-Kristallen

Der Seeigelsammler und Mineraloge Rupert Hochleitner berichtet über ein überraschendes Phänomen

Die drei häufigsten Gruppen der Stachelhäuter sind Seesterne, Seelilien und Seeigel. Das Skelett dieser Tiere besteht ganz aus Calcit-Einkristallen. Eigentlich klingt das merkwürdig, denn Kristalle verbindet man – ganz besonders als Mineraliensammler – immer mit der mineralischen Welt und nicht mit lebenden Wesen.
Natürlich wissen wir, daß Calcit und Aragonit am Aufbau von Zähnen, Knochen, Schalen vieler Tierarten und auch des Menschen beteiligt sind, aber doch nicht in Form von Kristallen, die in einzelnen Fällen sogar viele Zentimeter groß werden können!

Jedes Teil ein Einkristall

Stachelhäuter aber züchten ihre Kristalle selbst. Praktisch alle einzelnen Teile ihres Skelettes bestehen aus je einem einzigen Calcit-Kristall. Sie sind sogar in der Lage, den Kristall orientiert so wachsen zu lassen, daß die c-Achse in die jeweils gewünschte Richtung weist. Betrachten wir das einmal bei den Seeigeln näher.
Seeigel nennt man die stacheligen Burschen, die man beim Baden am steinigen Meeresstrand immer wieder trifft. Am besten steigt man nicht auf sie, weil ihre zahlreichen Stacheln sehr schlecht heilende Wunden hervorrufen. Auch als angeschwemmtes Strandgut findet man immer wieder Seeigel – dann oft nur mehr ihre „Korona", die kahle Skelett-Kapsel ohne Stachelkleid.
Diese Kapseln sind spröde und fragil; deshalb findet man wirklich heile Exemplare nur selten. Viele sind zerbrochen, und betrachtet man die Bruchstücke, dann sieht man oft, daß sie nicht einfach so zerbrochen sind, sondern daß es offensichtlich „Sollbruchstellen" gibt, an denen das Gehäuse zerfällt.
Betrachtet man das Gehäuse genauer, sieht man, daß es aus zahlreichen Einzelplatten besteht, bei denen es sich jeweils um einen einzigen Calcit-Einkristall handelt.

Spaltbarkeit in den Stacheln

Dies gilt auch für die Stacheln der Seeigel, die ja zum Teil beträchtliche Größen erreichen können; auch sie stellen jeweils einen einzelnen Calcit-Einkristall dar.
Dabei kann die Orientierung der c-Achsen dieser Einkristalle sehr unterschiedlich sein. Bei den Stacheln weist die c-Achse in der Regel in Richtung Stachelende, was an den schief zur Längserstreckung erkennbaren Spaltflächen gut erkennbar ist.
Die Orientierung der c-Achse kann in den Gehäuseplatten sehr verschieden sein. Das Gehäuse eines Seeigels weist zwei sehr unterschiedliche Systeme von Platten auf: die Ambulakral- und die Interambulakral-Platten, die jeweils alternierend in fünf von der Oberseite zur Unterseite des Seeigel-Gehäuses ziehenden Reihen angeordnet sind. Sie machen die typisch fünfzählige Symmetrie der Seeigel deutlich.
Es gibt nun Seeigel, bei denen in beiden Plattenarten die c-Achsen der Einkristalle radial nach außen weisen. Bei anderen weisen die c-Achsen der Ambulakral-Platten senkrecht nach außen, die der Interambulakral-Platten liegen dagegen tangential zur Krümmung des Seeigel-Gehäuses. Wieder andere Seeigel besitzen nur Platten, deren c-Achsen tangential liegen. Einige Seeigel-Familien weisen Platten auf, deren Achsen schief liegen, wobei sich der Neigungswinkel im Lauf des Wachstums des Gehäuses ändert.

Die Kristallographie der Seeigel

Sie sehen also, die Kristallographie eines Seeigel-Gehäuses kann sehr unterschiedlich sein, wobei Seeigelarten, die der gleichen Familie angehören, in der Regel gleiche Kristallographie aufweisen, während taxonomisch weiter voneinander entfernte Arten deutliche Unterschiede zeigen.
Soweit wissen wir über die Kristallographie der Seeigel und der mit ihnen verwandten Stachelhäuter recht gut Bescheid. Allerdings noch nahezu völlig unerforscht ist, warum es diese Unterschiede gibt, wozu sie gut sind, und natürlich ganz besonders die ultimative Frage: Wie machen sie's denn nun eigentlich, die Stachelhäuter, daß lauter Einkristalle rauskommen. Wir Mineralogen brauchen dazu jedenfalls sehr viel mehr Ausrüstung und weit höhere Temperaturen, als sie ein einfacher Seeigel zur Verfügung hat.
Jeder Calcit-Sammler, der auch extreme Fälle liebt, sollte sich also zur Vervollständigung seiner Sammlung am Mittelmeer einen angeschwemmten Seeigel suchen! Ein schöner fossiler Stachelhäuter ist aber ebenso sinnreich.

Seeigel und andere Stachelhäuter

Gerüste und Stacheln aus Calcit

__Oben links__ ein Strandfund vom Mittelmeer: regulärer Seeigel mit teils erhaltenem Stachelkleid, Größe 4 cm

__Oben rechts__ ein versteinerter Seeigel der Gattung Echinocoris aus der Kreide von Frankreich: Gut sichtbar sind die Einkristallplatten, die die Korona des Seeigels bilden, Größe 8 cm

__Mitte:__ fossil und rezent
Links die versteinerte Korona von Plegiocidaris coronata aus Nattheim. Rechts rezenter Seeigel, Korona ohne Stachelkleid.

__Unten:__ zwei Seeigelstacheln aus dem Jura: der kleinere von Hemicidaris, der größere von Rhabdocidaris; der rechte ist mit einer sauberen Spaltfläche nach dem Rhomboeder gebrochen: der vergrößerte Ausschnitt rechts zeigt, daß die Spaltfläche schief zur Stachelachse (c-Achse!) liegt

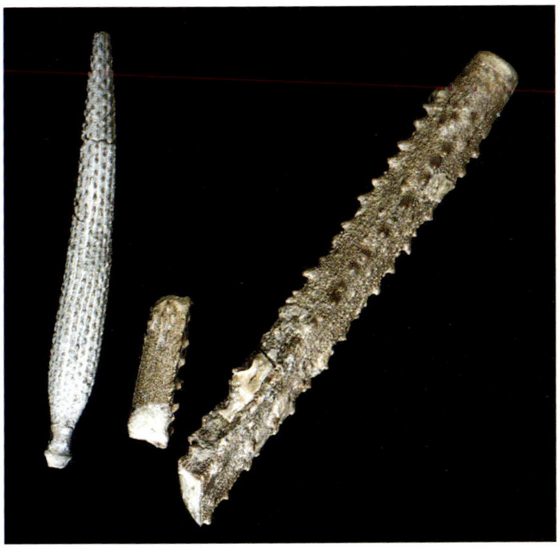

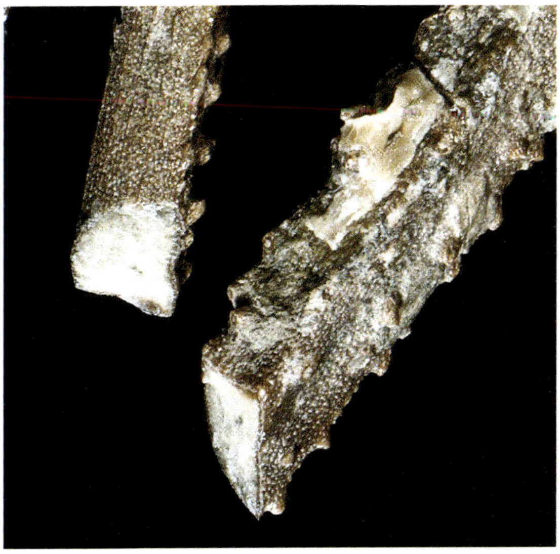

Alle Stücke Sammlung und Foto Rupert Hochleitner

Reinigen von Calcit und Aragonit

Rudolf Duthaler, Basel, Chemiker und Spezialist für das Reinigen von Mineralien

Calcit und Aragonit sind relativ weich und spröde, mit nicht zu vernachlässigender Wasserlöslichkeit. Der weichere Calcit (Härte 3) ist hierbei auch wegen der guten Spaltbarkeit heikler. Trotzdem lassen sich Stufen mit Calcit oder Aragonit waschen und werden auch von Natrium-dithionit, einer Chemikalie zur Entfernung von Eisenhydroxid-Belägen (Rost), nicht angegriffen.

Mechanische Reinigung

Schmutz wie Lehm, Erde, Staub, Wurzeln etc. werden am besten durch Waschen entfernt, die einfachste mechanische Methode. Dazu verwendet man kaltes (allenfalls handwarmes), möglichst hartes Leitungswasser, dem etwas Geschirrspüler zugegeben wird – nicht etwa Regenwasser, destilliertes oder deionisiertes Wasser!
Abzuraten ist langes Einlegen in Wasser, vor allem unter Zugabe von Reinigungslösungen für Laborgeräte, z.B. Neodisher LM3, deconex 11 universal oder RBS Konzentrat 9238. Diese Lösungen sind zwar alkalisch, können aber Komplexbildner wie EDTA (Aethylendiamin-tetraessigsäure, Komplexon, Titriplex) oder NTA (Nitrilo-triessigsäure) enthalten. Dadurch wird der Calcit angeätzt oder sogar angelöst.
Zum mechanischen Entfernen der Schmutzpartikel darf Ultraschall nicht verwendet werden. Vor allem klare Calcit-Kristalle können wegen der guten Spaltbarkeit unter Beschallung trübe werden. Auch vom Bürsten, vor allem feingliedriger Stücke, ist abzuraten. Der Schmutz wird mit einem Wasserstrahl konstanter und den Mineralien angepaßter Stärke abgespült.
Man kann dazu eine Brause verwenden; besser geeignet sind Geräte, welche zur Zahnreinigung und Mundhygiene aus einer feinen Düse einen pulsierenden Wasserstrahl spritzen (Zahndusche, Water-pick). Wichtig ist, daß die Pumpenleistung und damit der Wasserdruck reguliert werden können. Zudem sollte man zwischen einem gebündelten und einem divergierenden Strahl wählen können, was durch Einstellen der Düse oder verschiedene Aufsätze erreicht wird.
Aus zwei Gründen soll prinzipiell nur in ein Plastikbecken, nie in den Ausguß, gespült werden:
(1) Trotz aller Vorsicht brechen immer wieder schon gelockerte Teile und Kristalle ab, die dann im Becken aufgefangen werden.
(2) Wer stark verschmutzte Stufen direkt in einen Ausguß abspült, hat schon nach kurzer Zeit mit einem verstopften Siphon zu kämpfen. Deshalb wird auch der im Becken aufgefangene unlösliche Schmutz nicht in den Ausguß gespült, sondern anders entsorgt (Garten, Mülltonne).
Eine Schutzbrille schützt die Augen vor herumspritzenden Schmutzpartikeln; am besten arbeitet man in einer Garage oder Waschküche.

So wird man Eisen los

Neben den oben erwähnten Komplexbildnern werden die Carbonate Calcit und Aragonit schon von schwachen Säuren wie Essigsäure angegriffen und aufgelöst. Stabil sind diese Mineralien aber in basischem Milieu und gegen Oxidations- und Reduktionsmittel.
Demzufolge läßt sich ein lange für unmöglich gehaltenes Reinigungsproblem – die Entfernung von Eisenhydroxidschichten auf Calcit- oder Aragonit-Stufen – durch Einwirkung von Natrium-dithionit lösen, wenn der pH-Wert basisch gehalten wird und keine Komplexbildner wie Natrium-citrat, EDTA oder NTA zugegeben werden.
Dicke Limonit-Beläge lassen sich so nicht entfernen. Man bedenke auch, daß Stufen mit dünner Limonitschicht zum Beispiel nur auf Quarz besser aussehen können als nach deren Entfernung (Kontrast). Versuche an minderwertigen Stücken sind deshalb immer angezeigt!
Mit Natrium-dithionit können die hartnäckigen Eisenhydroxid- und Eisenoxidbeläge effizient und schonend aufgelöst werden. Rostrotes Eisen (III^+) wird zu fast farblosem und viel besser löslichem Eisen (II^+) reduziert, indem pro Eisen-(III^+) ein Elektron aufgenommen wird.
Eine Formeleinheit Na-dithionit gibt zwei Elektronen ab, kann also zwei Eisen-(III^+) reduzieren. Die dabei gebildete schwefelige Säure wird von den basischen Hydroxylionen (OH^-) neutralisiert. Gemäß der später folgenden Gleichung entsteht ein Gemisch von Eisen(II^+)-hydroxid, $Fe(OH)_2$, Eisen(II^+)-sulfit, $FeSO_3$, und Natrium-sulfit, Na_2SO_3.
Werden nicht basische Eisenverbindungen (Oxide, Hydroxide, Carbonate), sondern zum Beispiel ein Sulfat wie Coquimbit, $Fe_2[SO_4]_3$, reduziert, so reagiert die Lösung sauer, und es müssen zur Neutralisierung pro Na-dithionit 4 Äquivalente Natrium-hydrogenkarbonat ($NaHCO_3$) zugegeben werden. Dies empfiehlt sich bei Calcit- und Aragonit-Stufen in jedem Fall, da auch bei der spontanen Zersetzung von Dithionit immer Säure entsteht.

Natrium-dithionit ist eher instabil, vor allem in Lösung und aufgrund von Luftfeuchtigkeit. Das Reagenz ist in kurzer Zeit verbraucht, die Reinigung kann deshalb nach 1 bis 3 Stunden abgebrochen werden. Man halte sich an die unten angegebenen Mengen; die in der Literatur empfohlenen Konzentrationen sind viel zu hoch!

Formel zur Arbeit mit Natrium-dithionit:
$2Fe(OH)_3 + Na_2S_2O_4 + 2H_2O \rightarrow$
$2Fe(OH)_2 + 2NaOH + 2H_2SO_3 \rightarrow$
$Fe(OH)_2 + FeSO_3 + Na_2SO_3 + 4H_2O$

Arbeitsvorschrift

Schutzbrille und Handschuhe tragen, unter Abzug oder im Freien arbeiten!
Die zu reinigenden Stücke werden in ein geeignetes Plastikbecken gelegt, wobei das Volumen an Wasser, welches zur Bedeckung der Stufen nötig ist, grob abgeschätzt wird (das Leervolumen des Beckens ist genau genug).
In einem separaten Gefäß (Becherglas, kleineres Plastikbecken) werden dann pro Liter herzustellende Lösung ca. 2 g Natrium-dithionit (nicht mehr als 3 g; ein Eßlöffel, 15 ml, ist etwa 18 g), und ca. 2 g Natrium-hydrogencarbonat (Backpulver, ein Eßlöffel, 15 ml, ist etwa 14 g) eingewogen.
Man gibt Wasser zu und löst die Salze durch Umrühren mit einem Glasstab möglichst zügig auf, gießt die Lösung sofort zu den Stufen, spült mit der Spritzflasche nach und füllt mit Wasser auf, bis die Stufen gut mit Lösung überdeckt sind.

Bei diesen Operationen hat man darauf zu achten, daß kein Natrium-dithionit-Staub und keine Schwefeldioxid-Dämpfe eingeatmet werden. Daher soll unter dem Abzug oder im Freien gearbeitet werden!

Während des Einwirkens wird das Gefäß mit einem geeigneten Deckel zugedeckt, zum Beispiel mit einem etwas größeren Becken. Man kontrolliert den Verlauf der Reinigung etwa stündlich. Falls man grünlichschwarze, schwarze oder bläulichschwarze Verfärbungen der Lösung oder der Stufen beobachten sollte, was verschiedene Gründe haben kann, bricht man die Reinigung sofort ab, indem die Stücke herausgenommen und abgespült werden. Dies empfiehlt sich in jedem Fall nach 3 Stunden, da nach dieser Zeit das Dithionit aufgebraucht oder zersetzt ist. Die Stufen werden mit Gummihandschuhen herausgenommen und in ein Becken mit Wasser, dem etwas Spülmittel beigegeben wurde, gelegt.
Die Stufen werden am besten mit der Zahndusche abgespritzt (vgl. oben) und getrocknet. Wegen der geringen Konzentration an Chemikalien ist ein Spülen meist nicht nötig.
Die Reinigung mit Dithionit eignet sich als letzte Reinigungsoperation. Meist gibt es keine Verfärbungen, höchstens, daß nach einer gewissen Zeit durch Luftoxidation wieder Rostflecken zum Vorschein kommen. Man kann sie durch Wiederholung der Dithionitreinigung zum Verschwinden bringen.
Ein Nachteil von Natrium-dithionit ist dessen Instabilität und die Geruchsbelästigung. Dieser Zersetzung ist es auch zuzuschreiben, wenn sich gelegentlich dunkel gefärbte Sulfide von Eisen bzw. Kupfer bilden. Dies tritt aber bei den oben empfohlenen geringen Konzentrationen nur selten oder aber nie auf. Außerdem verschwinden die schwärzlichen Beläge oft bereits durch Oxidation an der Luft.

— Marcel Vaneks hilfreiche Empfehlung zum Reinigen größerer Calcit-Stufen —

Durch Einwirkung von Oxidationsmitteln kann nachgeholfen werden. Dazu werden die Stücke in Wasser gelegt und man gibt eine geringe Menge (weniger als 10 mL pro L Wasser) an Perhydrol (30% Wasserstoffperoxid, H_2O_2) oder Javel-Lauge (Natrium-hypochlorit, $NaOCl$) zu.
Bei Calcit-Paragenesen aus der Oxidationszone von Erzlagerstätten ist zu beachten, daß Natrium-dithionit und dessen Zersetzungsprodukte mit vielen Kupfer- und Silber-Sekundärmineralen unverträglich sind, so zum Beispiel mit Malachit, Azurit, Chrysokokoll, Bayldonit, Chlorargyrit und Oxihalogeniden.

Calcit in Lapis

Lapis gibt es seit November 1976: Da stecken über 20 Jahre Sammlerwissen drin. Und natürlich auch Calcit!

Auf gut 3000 Meter Höhe, oben in den Bergen von Afghanistan, ist es ja üblich: Da gibt es Lapis in Calcit, wunderschön tiefblaue Kristalle, und es gibt auch Calcit in Lapis, weiße Adern in den kostbaren Lapis lazuli-Blöcken. Und wie oben auf den Bergen, so ist es auch unten in München. Denn das Mineralienmagazin, das zu Ehren des blauen Steines „Lapis" getauft wurde, ist oft von Calcit-Berichten durchwachsen. Wenn Sie also zu bestimmten Fundstellen nähere Information brauchen, dann werden Sie in Lapis fündig. Die wichtigsten Calcit-Artikel sind hier kurz vorgestellt:

Helgustadir, Island: Fritz Pfaffl beschreibt diese historisch bedeutungsvolle Fundstelle, die Quelle der klarsten Calcit-Kristalle der letzten Jahrhunderte. Lapis X/1978, Seite 6. Hier eine Abbildung aus diesem Bericht:

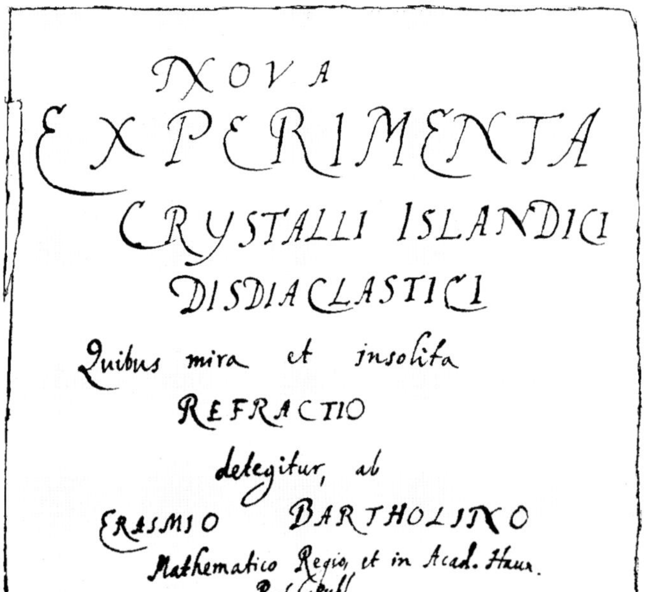
NOVA
EXPERIMENTA
CRYSTALLI ISLANDICI
DISDIACLASTICI
Quibus mira et insolita
REFRACTIO
detegitur, ab
ERASMIO BARTHOLINO
Mathematico Regio et in Acad. Haun.
Prof. Publ.
ANNO MDCLXIX. HAUNIA

Gleich im Anschluß erklärt Bernd Neuschäfer die Bedeutung von Calcit als optisches Bauelement (Nicolsches Prisma etc.); Seite 10.

Elmwood, Tennessee, USA: Werner Lieber hat in diesem großen Artikel die Lagerstätte mit den „weltweit schönsten" Calciten beschrieben und porträtiert. Lapis I/1992, Seite 24.

Im gleichen Heft finden Sie übrigens noch mehr schöne Calcite, denn in diesem Lagerstätten-Revier liegen auch **Joplin** und **Viburnum Trend**, ja der gesamte Tri-State-District Kansas-Missouri-Oklahoma ist eine bedeutende Calcit-Quelle.

Montalto di Castro, Italien: Domenico Preite aus Garbagnate beschreibt die ungewöhnlichen Kugelcalcite und die seltenen Silikate aus dem Latium in Mittelitalien. Lapis XII/ 1997, Seite 37.

Dekkan-Basalte, Indien: Berthold Ottens hat die indischen Calcit- und Zeolith-Vorkommen besucht und gibt einen reichhaltigen Überblick über die tollen neuen Funde in den Dekkan-Basalten um Bombay, Dahisar, Jalgaon, Poona, Nasik und Aurangabad. Lapis III/1998, Seite 13.

In derselben Ausgabe steckt noch mehr Calcit: Im Isarwinkel bei **Lenggries** gibt es unter anderem auch Calcit, klein aber fein, beschrieben von Max Eder auf Seite 23.

Rumänien: Auch ein Land der Calcite! Das Rumänien-Doppelheft im Jahr 1996 gibt einen fundierten Überblick über die einzelnen Reviere, auf denen immer wieder bemerkenswerte Calcite gefunden werden.

Blautal bei Ulm: Gustav Schuler fand im Blautal in einer Höhle ganz ungewöhnliche Calcite; sie haben die Formen von Igeln, Flügeln, Palmen und Excentriques. Lapis XII/1987, Seite 16.

Goppenstein, Wallis: Der Kristallmorphologe Erich Offermann beschäftigte sich mit den interessanten Calcit-Kristallen vom Goppenstein in der Schweiz. Lapis XII/1995, Seite 40.

Sterncalcit: In Vrančice bei Příbram sammelte Karl Kohout unter anderem auch richtig sternförmige Calcite. Lapis III/1988, Seite 28.

Nadelcalcit: Feinnadelige Calcite fanden Gisela und Helmut Klein im französischen Jura und beschrieben sie in Lapis IV/1988, Seite 29.

Federcalcit: In Vorarlberg gibt's im altem Gstöhl-Bruch bei Hohenems federförmige Calcit-Kristalle; von Gustav Schulnig, Lapis IV/1995, Seite 36.

Schöne Calcite waren in der Sonderschau auf den Mineralientagen München 1990 ausgestellt. Werner Lieber zeigt ein paar besondere Exemplare in Lapis XI/1990.

Steinbruch Juchem: Dieser Fundort bei Idar-Oberstein war schon zweimal der Anlaß zu Berichten über Calcit: in Lapis II/1981, Seite 34, und in Lapis XI/1988, Seite 29.